HENRI FERRAND

LE

VERCORS

LE ROYANNAIS
ET
LES QUATRE
MONTAGNES

Région du Mt-Aiguille.
du Villard-de-Lans o o
et des Grands-Goulets

120 GRAVURES
IMPRIMÉES
EN PHOTOTYPIE
DONT
16 PLANCHES
HORS TEXTE

GRENOBLE
Librairie Alexandre GRATIER et Jules REY
Editeurs

LE VERCORS

HENRI FERRAND

Les
Montagnes Dauphinoises

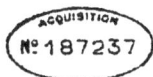

LE VERCORS

LE ROYANNAIS ET LES QUATRE MONTAGNES
RÉGION DU MONT-AIGUILLE, DU VILLARD-DE-LANS
ET DES GRANDS-GOULETS

Ouvrage orné de 125 gravures (dont 16 planches hors texte)
imprimées en phototypie

GRENOBLE
Librairie A. Gratier et J. Rey, éditeurs
1904

A ma Femme.

A toi, ma chère Louise, je dédie ce livre consacré à célébrer les beautés simples et familières des montagnes du Vercors.

Qu'il te rappelle ces prés fleuris et embaumés, ces forêts aux senteurs pénétrantes, ces collines gracieuses et ondulées que tu parcourais si gaiement, et qu'il réveille en ton âme le souvenir béni des douces heures que tu y as passées avec

Ton affectionné mari :

HENRI FERRAND

Pont-en-Royans.

La Chapelle-en-Vercors.

LE VERCORS

PRÉFACE

*Limites. — Constitution géologique
et orographique.*

*A notre époque, les villes deviennent de plus en plus grandes,
drainant les populations des campagnes, entassant dans un étroit
espace les travailleurs enfiévrés. Mais la nature prend sa revanche
de cette application trop intensive d'une loi économique, le corps
s'anémie, l'esprit s'énerve, et bientôt s'impose une détente en air pur.
L'antique usage des vacances se généralise; des professions libérales
qui en avaient jadis le monopole, l'hygiène l'a étendu à l'industrie et
au commerce. Maintenant, quelle que soit sa position sociale, chaque
famille de citadins prend des vacances, plus ou moins longues suivant
son aisance, et va les passer dans la montagne. De plus en plus
délaissée, en tant qu'habitation permanente et productive, la montagne
est de plus en plus fréquentée en tant que lieu de plaisir, de repos, de
cure d'air. C'est le jardin où se refait l'humanité. Parmi les régions
montagneuses de notre pays les plus fréquentées par les estivants on
entend toujours citer en première ligne le Vercors. Qu'est-ce donc que
le Vercors? Et pourquoi attire-t-il ainsi les amateurs de vacances à
la montagne ?*

C'est une vieille remarque que les engouements irréfléchis ne sont que passagers. Personne n'a plus d'esprit que M. Tout le Monde. Les vogues durables sont toujours justifiées, et celle du Vercors est le résultat naturel de son altitude et des conséquences de son inaccessibilité et de son isolement prolongés.

Que l'on se figure un vaste plateau ondulé, d'une altitude moyenne de mille mètres environ, d'où ne surgit aucun pic supérieur à 2400 m. et bien peu dépassant 1700 m. d'élévation. Que l'on réfléchisse que par suite il n'y a pas de condensation rapide et précipitée, pas de centres de froid, pas de glaciers, partant pas d'oscillations brusques de la température. Si par surcroît l'absence très prolongée de voies de communication a matériellement empêché cette région de faire le trafic de ses bois, et l'a maintenue jusqu'à nos jours ouatée de son précieux revêtement de forêts, régulateur des eaux et de l'atmosphère, ce plateau ne peut manquer d'être un séjour béni d'air pur, de tableaux pittoresques, de climat tempéré. C'est ce Vercors hygiénique, que ne sillonne encore aucun chemin de fer, où ne sévit ni Casino ni Kursaal, qui n'a aucun centre de tourisme ou d'élégance, aucune station thermale, mais qui reçoit ses visiteurs à la bonne franquette, que nous allons essayer de décrire.

Les limites et les dimensions de cet Eden sont d'appréciation variable. Dans un sens concret et administratif, le Vercors, le canton du Vercors, ne comprend que le bassin de la Vernaison et de ses affluents : ce sera pour nous le Vercors proprement dit. Mais, partisan des grandes lignes et des unités orographiques, nous adopterons pour notre Vercors le sens étendu et primitif, et nous comprendrons sous ce nom le vaste massif montagneux qui se limite : au N., par la vallée de l'Isère, à l'O. par les vallées de l'Isère et du Rhône, au S. par la gorge de la Drôme, à l'E. par les vallées du Buech, de l'Ebron, de la Gresse, du Drac et de l'Isère.

Ainsi entendu, le Vercors orographique est le prolongement géologique des montagnes de la Chartreuse et des Bauges. Comme elles, il est tout entier formé de roches calcaires, et il nous suffit d'un

Les Baraques,
vue d'ensemble.

coup d'œil sur la carte pour voir les plissements jurassiques doublés de néocomien prendre naissance aux environs du Mont-Blanc, et se continuer en arc de cercle suivant la direction générale du soulèvement des Alpes, par des lignes nettes, saillantes et bien marquées, à peine interrompues çà et là par des accidents locaux, comme la trouée de Chambéry et la faille de la vallée de l'Isère.

Le plissement oriental, la première chaîne, que nous signalions naguère comme la plus importante et la plus haute dans les Montagnes de la Chartreuse, disparaît ici presque complètement, et l'on n'en retrouve quelques vestiges que dans les Rochers de Comboire, l'Epérimont et les crêtes de Lanchâtre et de Gresse.

Saint-Martin en Vercors.

La seconde ride qui, pour la Chartreuse, finissait à Néron, reprend aux Trois Pucelles, et formant le rempart oriental de notre citadelle du Vercors, se poursuit par le Moucherotte, ancien Pic de l'Aigle (1907 m.), le Pic St-Michel (1938 m.), Cornafion (2051 m.), le Gerbier (2107 m.), les Deux Sœurs, la Moucherolle (Mont Cheyrol ou Cairol?), ou grand Arc (2289 m.), les Rochers de la Balme et du Pleynet, le Grand Veymont (2346 m.), point culminant du système, avec son annexe le Mont Aiguille (2096 m.), et se termine par la Tête Chevalière (1954 m.), et la large expansion de la montagne de Glandas (2019, 2025 et 1977 m.). Comme dans sa première partie cartusienne, cette chaîne présente de puissantes assises néocomiennes qui donnent des cassures franches, de magnifiques escarpements, et qui exposées à l'attaque des agents atmosphériques se sont laissé entamer, crevasser, et ont donné naissance aux vastes étendues de lapiaz dont sont couronnées toutes ces montagnes.

Le troisième repli, qui avait commencé à se dédoubler vers la partie méridionale de la Chartreuse, accompagne ici le long plateau central qui forme le noyau intime, la forteresse du Vercors, et court de la Pyramide de la Buf (1625 m.) au But Sapiau (1620 m.) sur un développement de plus de cinquante kilomètres. Ce long parcours est partagé en deux parties presque égales par la coupure de la Bourne : la partie septentrionale enserre dans une sorte de fourche les grasses prairies d'Autrans et de Méaudre, tandis que l'autre sépare les plateaux rocailleux du Veymont des riants vallons de St-Martin et de St-Agnan en Vercors.

La quatrième chaîne, où la Dent de Montaud continue la formation du Raz, se prolonge plus loin encore au Sud, domine d'une série ininterrompue d'escarpements les vallées de l'Isère, de la Lionne et de la Gervane, et vient finir au-dessus des vallons d'Omblèze et du Quint par la Tête de la Dame et le But St-Genis (1646 m.).

Plus à l'Ouest encore, le relief se termine par de vagues ondulations qui toujours allongées dans le même sens séparent de la plaine de Romans et de Valence les profonds sillons que se sont creusés ces sœurs divergentes, la Lionne et la Gervane.

Vallon du Rousset.

Le Moucherotte et les Pucelles.

Cascade du Cholet.

Notre Vercors est donc exclusivement montagneux ; énorme bourrelet plus ou moins accidenté, mesurant un peu plus de soixante kilomètres dans sa plus grande longueur, couvrant près de quarante kilomètres dans sa plus grande expansion latérale, il occupe une superficie d'environ deux cents kilomètres carrés. La ceinture à peu près continue d'escarpements abrupts qui l'entoure lui donne un caractère spécial d'unité, plus prononcé encore que dans les montagnes de la Chartreuse, et lui mérite au plus haut titre le nom de Massif.

Son originalité consiste dans la distribution spéciale des cours d'eau chargés de conduire aux plaines environnantes les écoulements de cette vaste surface d'absorption. Nous aurons à y revenir et à l'étudier plus particulièrement. Mais nous pouvons dès à présent constater que ces eaux ne se forment point à la façon régulière par la réunion de ruissellements superficiels, que tout le haut et le moyen Vercors en paraissent absolument dépourvus, et que les rivières sortent brusquement dans les parties basses par d'abondantes sources vauclusiennes. Leur cours supérieur se fraie un chemin dans les entrailles de la roche, comme sous un entassement de blocs séparés, et vient sourdre au point où cesse ce recouvrement anormal. Si l'on essaie de se figurer cette étrange constitution, il semble que l'on surprenne la nature dans un travail inachevé dont les grands entonnoirs du Cholet et de la Vernaison sont les prémisses. Supposons toute la couche supérieure déblayée jusqu'à la Fond d'Urle, ou jusqu'à Vassieux et au Rousset, et nous aurons des vallées régulières, sans brusques ressauts et à pentes continues, comme nous les trouvons dans les montagnes de la Chartreuse, où le travail des eaux a été plus complet et plus achevé. Quel mystérieux facteur a gêné ici leur puissance? L'émergence du Vercors ne parait cependant pas avoir été plus tardive que celle des autres parties du plissement calcaire dont il procède. Il n'en est pas moins fort curieux de trouver ici manifeste la grande leçon de choses qui vient si clairement confirmer les déductions de la Géologie.

Murailles de Die.

Histoire. — La domination romaine et les inscriptions. — Le Dieu Rudian. — Le moyen âge. — Les voies de communication. — La contrebande des bois par l'Allier. — La route du Val d'Echevis. — Confection de la route des Goulets. — Les routes ultérieures.

On sait que l'histoire des diverses régions de notre pays ne saurait sérieusement remonter plus haut que l'occupation romaine, car les autochtones n'ont même pas laissé de légendes.

Les auteurs romains, et notamment Pline [1], nous rapportent que les Voconces étaient une peuplade gauloise habitant l'intérieur des terres et ayant pour capitales Luc et Vaison, et que les *Vertacomicori* [2] formaient un *pagus* ou canton au Nord du territoire des Voconces. C'est tout ce que les livres peuvent nous apprendre.

On sait que la civilisation romaine s'implanta profondément dans le pays des Voconces, qu'elle y créa une colonie prospère, et que Luc étant tombé en décadence, elle transporta la capitale du pays à Die *(Dea Vocontiorum)*. Grâce à la faveur des maîtres du monde, Die s'accrut, s'orna de monuments, et la région se couvrit des traces lapi-

---

[1] Hist. Nat. lib. III, cap. 4.
[2] Ibid. lib. III, cap. 17.

daires de leur séjour. On trouve partout dans les vallées des restes de constructions romaines et des pierres couvertes d'inscriptions, mais aucune n'a été relevée sur les plateaux si voisins du Vercors.

Il est naturel d'en conclure que la domination romaine vint expirer au pied des remparts inaccessibles qui entouraient le refuge des *Vertacomicori,* et que comme bien d'autres peuplades refoulées, ceux-ci purent devoir à l'âpreté de leur sol la liberté sur la montagne. C'est ce nom de Vertacomicori qui contracté et abrégé par la corruption a laissé la dénomination de Vercors. *Le Dictionnaire de la Drôme* de M. Brun-Durand nous apprend que l'on rencontre pour la première fois la forme *Vercorii* dans un cartulaire de Die de 1293. Mais ce nom allait se cantonner sur une portion seulement de l'ancien domaine des Vertacomicori, tandis que l'autre allait emprunter le sien à un souvenir religieux.

M. Florian Vallentin, qui s'était fait une spécialité de l'épigraphie gauloise, mentionne dans son Essai sur les Divinités indigètes du Vocontium qu'on a découvert en 1826 à St-Etienne en Quint, dans un repli enserré entre les épaulements méridionaux du Vercors un monument votif consacré au Dieu Rudian. Il constate que d'autres découvertes ont mis hors de doute que Rudian ait été au moins l'une, sinon la principale des divinités en honneur chez les Vertacomicori, et il en conclut que la prononciation locale devant émettre en Rouyan le Rudianus latin, la partie la plus basse de l'ancien *pagus Vertacomicorius* aurait pris le nom du dieu qu'on y vénérait et serait devenue le Royans.

Cette explication, très vraisemblable en elle-même, prend encore plus d'autorité quand on la rapproche de l'unité topographique que nous avons signalée ci-dessus, et nous admettons très volontiers que le Vercors proprement dit actuel et le Royans ne soient que deux parties de l'ancien pays de Vercors.

Pendant le Moyen-Age, l'histoire n'est pas beaucoup plus loquace en ce qui concerne le Vercors, et nous le voyons guère mentionné que par fragment dans les chartes de donations ou de

Vue
du Pas de la Ville.

constitutions des abbayes, ou dans les cessions de droits seigneu-
riaux. C'est pourtant à cette époque que semble remonter le
morcellement administratif de l'ancien pays des Vertacomicori. Les
savantes recherches de M. Brun-Durand nous apprennent en effet
que la partie haute, le Vercors proprement dit, appartenait au moins
dès 1253 aux évêques de Die, tandis que la partie basse, le Royans,
formait dès les Xe et XIe siècle entre les mains des Lambert-François
une sorte de principauté qui passa plus tard aux Bérenger. La partie septentrionale, le mandement de Lans, qui fut aussi plus tard
appelé les Quatre Montagnes, était au pouvoir des Dauphins.

Réuni ou divisé, le Vercors n'en était pas moins un pays d'un
accès extrêmement difficile, que son âpreté tenait à l'écart des
évènements, et qui n'occupait pas l'histoire. Un de ses reliefs, le col où
prennent leur source la Lionne et la Gervane, est désigné depuis fort
longtemps sous le nom de Col de la Bataille. Rien ne peut préciser quelle
fut cette bataille. Ailleurs le Col des Écondus se rapporterait à un inci-
dent des guerres de religion. On voit que la chronique est maigre.

En petit nombre, très clairsemés, les habitants du Vercors ne
pouvaient sortir de chez eux que par des chemins à mulets,

traversant des cols élevés ou difficiles. C'est ainsi qu'ils communiquaient avec la vallée de la Gresse et de là avec le Graisivaudan par le Pas de la Ville (2000 m. env.) au pied du Grand-Veymont ; ils pouvaient se rendre à Die par le Col du Rousset ou

Train de bois
à la route d'Engins.

le Portail d'Urle, passages très rapides avec, en plusieurs endroits, des degrès dangereux taillés dans le calcaire ; enfin ils descendaient au Pont-en-Royans par le passage plus périlleux encore dit de l'Allier, et deux horribles sentiers dégringolaient sur la Chartreuse de Bouvante. Leur meilleur trajet était de se rendre par le Pas de l'Ane dans le mandement de Lans, qui était relié à Grenoble par des chemins muletiers ordinaires.

Les premiers travaux de viabilité dotèrent de routes le bas Royans, aux villages importants et aux campagnes plantureuses, ainsi que le canton du Villard de Lans. Mais la situation demeurait la même pour les plateaux du Vercors, et à une époque où les bois prenaient de plus en plus de faveur, il leur était impossible de tirer parti de leurs splendides forêts.

Impossible du moins d'en tirer un parti régulier et raisonnable,

car poussés par le besoin, les Verconsins recoupaient leurs sapins
en billes de trois mètres de longueur, et arrivaient à force de peines
à les descendre au Pont-en-Royans sur le dos de leurs mulets au
travers des précipices de l'Allier. Privés par leur isolement de tous
autres travaux, les habitants ne respectaient guère les propriétés
domaniales, et voici ce qu'en dit la Statistique de la Drôme de
Delacroix en 1835 : « Il ne reste guère à la partie pauvre de cette
« population que la ressource funeste des bois coupés en délit, qui
« sont transportés à dos de mulet dans le Royanais, où on les vend
« à vil prix. Cette ressource, en quelque sorte désespérée, démoralise
« le pays, et conduit chaque mois une foule d'hommes, de femmes
« et d'enfants sur les bancs de la police correctionnelle ».

Cette situation anormale avait attiré l'attention des pouvoirs publics, et dès 1822 des études avaient été commencées pour tracer une issue
carrossable au Vercors. Les relations principales du pays le portant
vers le Royans, c'est de ce côté qu'était cherchée la solution, mais les
difficultés naturelles étaient telles que les projets se succédaient les
uns aux autres sans pouvoir aboutir. Les deux défilés notamment
par lesquels la Vernaison traversait les escarpements, dénommés les
Grands Goulets, et les Petits Goulets, paraissaient infranchissables.
Le rapport présenté au Conseil Général de la Drôme en 1834, faisait
ressortir par la vallée d'Echevis une évaluation de dépenses de 215,800
francs pour une longueur de route de dix kilomètres, et concluait :
« La construction d'une route pour aller à Die serait peut être moins
« dispendieuse, mais elle serait loin de présenter les mêmes avantages
« pour le Vercors, dont toutes les relations sont avec le Royanais. »

Au travers de mille difficultés, dont le côté financier n'était pas le
moins sérieux, le projet fit son chemin. Une plaque commémorative
placée aux Baraques, le 14 Juillet 1895, nous en résume l'histoire :

> ROUTE DES GRANDS GOULETS
> CONSTRUITE DE 1844 A 1851.
> AUX PROMOTEURS DE CE BEAU TRAVAIL
> ADRIEN JOUBERT ET ERNEST JOUBERT SON FILS
> CONSEILLERS GÉNÉRAUX DE LA CHAPELLE EN VERCORS
> LES HABITANTS DU VERCORS RECONNAISSANTS.

Rochers d'Urle.

Tunnel de la Route de la Bourne.

La route fut ouverte à la circulation dès 1852, et son étrangeté, le caractère grandiose du paysage au milieu duquel elle déroule ses travaux d'art, lui donnèrent bien vite la réputation d'une merveille que les touristes vinrent visiter de tous les pays. On ne traversait pas alors le Vercors, et une fois la merveille vue dans son entier, la grande majorité des touristes ne voulaient aller ni à Saint-Martin ni à la Chapelle, et revenaient sur leurs pas. Ils cherchaient dès lors à se restaurer dans les cantines que l'on avait installées pour les ouvriers dans les baraquements en bois à l'extrémité supérieure des chantiers. Ces cantines survécurent donc à la construction de la route, elles se transformèrent, se modifièrent devant les exigences de leur clientèle, et devinrent ainsi le hameau actuel des Baraques, tout formé d'hôtels.

Pont de Goule Noire.

L'effet de l'ouverture de la route des Goulets ne tarda pas à se faire sentir. Le Vercors put tirer parti de ses ressources, l'aisance

Vue générale d'Autrans.

s'y accrut, les villages s'embellirent, la culture s'y étendit, et les relations s'augmentèrent. Ce qui avait paru tout d'abord une dépense exagérée ou superflue s'imposa et de nouvelles routes se tracèrent, d'autant plus que l'art des ingénieurs et les moyens mis à leur disposition se perfectionnaient.

Le long de la gorge profonde creusée par la Bourne, une route carrossable s'établit en passant par Choranche, la Balme de Rencurel et les Jarrands. La section médiane de la Balme aux Jarrands où les abîmes paraissaient impénétrables, fut ouverte la dernière, et je me souviens d'avoir encore été obligé en 1867 de passer par le pittoresque mais dangereux sentier des Rages qui surmontait la gorge.

Cette route une fois établie, celle des Grands Goulets vint s'y raccorder par un tracé hardi qui aboutissait au site admirable du Pont de Goule Noire, et dès 1880 les transports purent se faire directement du Vercors sur Grenoble par le Villard de Lans. Quelques années auparavant, au fond du vallon du Rousset, un tunnel de plus de 600 mètres avait été creusé sous la crête du col de ce nom et une route aux lacets multiples et pressés avait ouvert au Vercors un nouveau débouché dans le Diois.

L'organisation principale des voies de communication du Vercors était dès lors achevée : elle devait se perfectionner peu à peu, mais elle ouvrait déjà des accès nombreux et faciles vers ces plateaux longtemps déshérités, et dès qu'on put les visiter commodément, on admira de plus en plus leurs sites et leurs paysages. Les visiteurs témoignèrent bientôt le désir d'y faire des séjours, et à leur intention des commodités furent créées, des organisations furent faites, d'où jaillirent des centres d'estivage rapidement très fréquentés. Nous aurons au cours de ces pages à les décrire avec quelques détails, mais nous pouvons dès à présent citer le Villard de Lans, Autrans, les Baraques, St-Martin et la Chapelle en Vercors, dont l'hospitalité modeste, mais saine et accueillante est le plus appréciée chaque année par les nombreuses familles qui y établissent leur villégiature.

Aqueduc de Sassenage.

Pyramide de la Buf, vu de Montaud.

Hôtel Combet aux Baraques.

II

Les Quatre Montagnes, premier accès du Vercors. — La première des Quatre Montagnes. — Sassenage et les Cures. — La Tour sans Venin. — St-Nizier et le Moucherotte. — Lans et le Pic Saint-Michel. — Cornafion et Claix.

Au départ de Grenoble, Sassenage est la porte du Vercors, Sassenage qui joue au regard des Quatre Montagnes le rôle du Pont-en-Royans au regard du Vercors proprement dit.

Nous avons vu que la région des Quatre Montagnes occupait la partie Septentrionale du massif du Vercors. Sous cet ancien nom étaient comprises autrefois les quatre communautés de Lans, du Villard, d'Autrans et de Méaudre. Aujourd'hui cette région est divisée en cinq communes, car la paroisse de Corençon a été distraite de la communauté du Villard de Lans et érigée en une unité administrative. Les Quatre Montagnes sont donc au nombre de cinq.

Le mot de Montagne était pris ici dans son ancienne acception de pâturage alpestre. Cette région, répartie en deux berceaux accolés, d'une altitude moyenne de mille mètres, n'avait naguère qu'une seule issue, vers la plaine de l'Isère, à Sassenage. Comme sa principale industrie était l'élevage du bétail et l'utilisation des produits accessoires, elle fabriquait avec le lait de ses vaches des fromages à croute grise, dont l'exportation passait toujours par Sassenage, et dont le principal marché se tenait lors de la fête patronale, de la vogue, de ce village. De là le nom de fromages de Sassenage, généralement donné dans le commerce aux fromages réellement fabriqués dans les Quatre Montagnes et d'ailleurs dans tout le Vercors.

Le joli bourg de Sassenage, situé dans la plaine à l'entrée des montagnes, sur les deux rives du Furon, n'est qu'à six kilomètres de Grenoble, par une route de plaine que dessert un tramway

L'aqueduc
de Sassenage.

électrique. Aujourd'hui, c'est presque une banlieue de la ville, et c'est une des principales promenades des citadins Grenoblois.

Les origines de *Cassenaticum* sont obscures et imprécises. La famille féodale qui y avait implanté son donjon et en avait pris le nom, brilla d'un vif éclat dans l'histoire de notre province au Moyen Age, et Nicolas Chorier, historien de Dauphiné, consacra un ouvrage important à la généalogie de la Maison de Sassenage. Une vieille légende, lui cherchant une origine fabuleuse, la fait descendre de la Fée Mélusine, qui cachait sa métamorphose dans la retraite des Cuves, et sa suzeraineté s'étendit jusqu'au Trièves et au Royans. Aux temps modernes, plus policés et plus tranquilles, les seigneurs abandonnèrent leur imprenable mais malaisément accessible demeure, et se construisirent, au pied du coteau qu'ils dominaient jadis, le château que l'on visite aujourd'hui.

Bourg de Sassenage.

La descendance directe des Sassenage s'étant éteinte, leurs
biens passèrent à une branche cadette, celle de Bérenger, qui les
détient encore de nos jours.

Le site gracieux et pittoresque de cette bourgade avait frappé
l'esprit de nos pères, pourtant peu portés à admirer la nature, et
ils y avaient placés deux des Sept fameuses Merveilles du Dauphiné,
les Cuves et les Pierres Précieuses.

Ces dernières naguère si fameuses ne sont aujourd'hui connues
que d'un bien petit nombre de personnes. D'après la vieille légende,

le Préciosier de Sassenage se composait de Pierres Ophtalmiques
ayant le pouvoir de guérir les maux d'yeux. Au-dessus du bourg on
trouve en effet de ci de là des vestiges d'un banc de mollasse dite
poudingue à très petits éléments, formé de noyaux de jade de
diverses couleurs arrondis et polis par le frottement. Il est possible
qu'on en pût rencontrer d'aplatis en forme de lentilles, qui,
introduits sous la paupière, débarrassaient l'œil des poussières et
impuretés. Mais on voit que la Merveille était, sous tous les
rapports, de bien petite envergure. Quant aux Cuves, dépouillées
de leur auréole mystique, par la disparition de Mélusine, elles n'en
constituent pas moins une curiosité naturelle fort intéressante et
une véritable attraction.

Château
de Sassenage

Nous aurons l'occasion de reparler plus en détail de la singulière constitution spéléologique du Vercors. D'une manière géné-

Les Cuves. — Grotte inférieure

Entrée des Cuves de Sassenage.

Grande Cascade du Furon à Sassenage.

rale, ses   plateaux supérieurs, bien que formés de roches très résistantes au choc, sont toutes fendillées et crevassées par les agents atmosphériques. Elles absorbent les eaux de pluie ou de fonte des neiges ; ces eaux pénètrent jusqu'au plus profond de leurs assises, elles creusent sous terre d'immenses galeries, et viennent ressortir au point de contact de roches inférieures moins facilement perméables. L'un de ces orifices se trouve à un kilomètre environ de Sassenage, tout près de la gorge gracieuse du Furon, et au pied d'une immense paroi de rocher dont la hauteur est de nature à montrer l'épaisseur des roches affouillées.

Eglise de Sassenage.

Deux grottes, superposées et communiquant entre elles, servent d'ouverture à de nombreuses galeries intérieures dont la topographie enchevêtrée a été récemment explorée par de courageux spéléologues. La plus occidentale de ces galeries présente à quelques pas de son origine deux trous ou fosses approximativement circulaires qui la coupent. Quoique assez élevée et drainée par des couloirs inférieurs, cette galerie donne aux grandes fontes de neige passage à un courant d'eau qui remplit ces trous, ces Cuves, et suivant leur plus ou moins rapide assèchement, nos pères pronostiquaient l'abondance ou la disette de la récolte de l'année. C'était là la Merveille.

De nos jours, la grotte inférieure livre passage en tous temps à une abondante résurgence, qui, analogue à la source fameuse de Vaucluse, forme dès son apparition un cours d'eau, nommé le Germe, qui va quelques mètres plus loin alimenter le Furon.

Ce dernier, torrent descendu des prairies de Lans, s'est creusé auprès de Sassenage une gorge délicieusement boisée, dans laquelle il bondit par de nombreuses et puissantes cascades, la cascade des Côtes, la cascade du Parisien, celle du Gouffre Bleu, et la Grande Cascade, que des sentiers ingénieusement aménagés permettent d'admirer sur chaque rive tant du haut que du bas. La visite des Cuves, les attraits d'une promenade souterraine que font facilement faire des guides expérimentés, les beautés de la gorge et des cascades du Furon composent un ensemble de paysages variés et gracieux qui attirent les visiteurs et dont plusieurs ont bien souvent tenté la palette des peintres grenoblois. Il faut notamment citer à ce point de vue le romantique aqueduc, et plus en aval, sur le Furon assagi la délicieuse nature de Rolandière.

Sassenage lui-même ne présente au touriste, outre une courte promenade ombragée de beaux platanes analogue aux « Mails » du Midi, et dite le Billery ou les Billeries, qu'une assez pauvre église avec un clocher roman de style très pur, et une humble chapelle où reposent les cendres de Lesdiguières.

La Pucelle de Grenoble.

Les trois Pucelles.

Saint-Nizier.

Mais il est, avec son voisin le village de Fontaine, le point de départ des excursions dans la chaîne du Moucherotte, le premier rempart du Vercors.

Par de ravissants chemins de piétons, qui serpentent au travers des bois embaumés de Vouillant, et passent auprès d'une clairière où Jean Jacques Rousseau pendant un séjour à Grenoble aimait à herboriser, on s'élève en deux heures de flânerie à un piton saillant qui porte la Tour-sans-Venin, une autre des Sept Merveilles. Quels ont été au juste l'origine et le sort de cette tour superbe, qui était déjà en ruines au XIᵉ siècle ? Nul ne put le découvrir. Dédaigneuse des dates et de l'austère méthode de l'histoire, la légende prétend qu'elle fut bâtie par le paladin Roland après sa conquête de Grenoble sur les Infidèles : elle ajoute qu'il avait autour d'elle répandu de la terre apportée de Palestine, dont la vertu était de faire périr tous les serpents et les bêtes venimeuses ; « *Venena relinquunt aut fugiunt* » dit la notice du Père Ménestrier.

Le pan de mur à la fière allure et au solide appareil qui subsiste encore est évidemment le vestige d'un de ces châteaux féodaux dont le IXᵉ et le Xᵉ siècle couvrirent notre pays. Sur ce mamelon qui domine l'horizon lointain, il remplaçait un poste romain auprès duquel s'élevait un temple d'Isis, car on y a trouvé une stèle avec

Ancien Pont de Claix.

cette inscription : « *Isidi matri Sextius Claudius Valerianus aram*
« *cum suis ornamentis ut voverat dedicavit.* » Et le poste romain
avait sans doute succédé à une guette gauloise ! Ainsi se forge la
chaîne des siècles.

Du mamelon de la Tour-sans-Venin, le coup d'œil est admirable sur la plaine du Graisivaudan, la ville de Grenoble, les montagnes de la Chartreuse et la chaîne des Alpes Dauphinoises. Mais
il est encore bien plus imposant, 3oo mètres plus haut, quand l'on
arrive sur le plateau de Saint-Nizier.

Là, dominant des terres cultivées dont l'aspect plantureux
surprend à pareille altitude, un petit village se blottit au pied de
rochers étranges qu'on appelle les Trois Pucelles, et qui d'après
Béguillet se nommaient jadis la Roche Proupena ou les Dents de
Gargantua. Ce village de Saint-Nizier, renommé parmi les promeneurs Grenoblois pour la bonne chère de l'auberge Revollet, est le
point de départ ordinaire (1170 m.) pour l'ascension du glorieux
sommet du Moucherotte (1907 m.) ou même des Trois Pucelles. Car
en dépit de leur nom intangible, on les grimpe, les fières Aiguilles,
qui d'ailleurs sont quatre, et les dilettanti de l'alpinisme y distinguent

Les Ponts de Claix
actuels.

la Pucelle de Grenoble, la Grande et la Grosse Pucelle, et la Pucelle de Saint-Nizier.

Si l'ascension de ces monolithes calcaires est un tour de force dont la gloriole est la seule récompense, il n'en est pas de même de la cîme du Moucherotte, facile d'accès, et d'où le regard plane à la fois sur le Graisivaudan et sur le Vercors. De ce belvéder aérien on suit se profilant vers le Sud tout le développement de la chaîne escarpée dont on occupe l'extrémité, et jusqu'à l'inflexion des Deux Sœurs on en voit saillir deux pics remarquablement aigüs, le Pic Saint-Michel (1938 m.) et Cornafion (2051 m.).

Ce sont aussi deux admirables belvéders aux-

Maison de Beyle Stendhal, à Claix.

quels on peut s'élever soit de Lans à l'intérieur du Vercors, soit de Claix sur le pourtour extérieur.

On sait que ce pourtour extérieur se compose à l'Est de la vallée de l'Isère, ou Bas-Graisivaudan, continuée par la vallée du Drac et celles de ses affluents la Gresse et l'Ebron. En suivant ainsi vers le Sud la base de ce rempart, on a rencontré après Fontaine, Seyssinet point de départ d'une route carrossable qui monte au château de Beauregard, ancienne propriété de la famille Réal, à la Tour-sans-Venin et à St-Nizier, puis Seyssins presque au point d'attache du coteau qui porte le fort de Comboire, et Claix, renommé par ses vignobles.

De Grenoble, on se rend à Claix par cette admirable allée rectiligne de huit kilomètres de long, si richement ombragée, que l'on appelle du nom de son créateur le cours de Saint-André, et par le célèbre Pont-de-Claix, chef d'œuvre de Lesdiguières. A côté de l'arche hardie qu'avait tracée l'ingénieur Jean de Beins, le génie moderne a jeté un pont surbaissé plus favorable aux exigences de la viabilité contemporaine, mais moins pittoresque. Le vieux pont, heureusement classé comme monument historique, sera à ce titre sauvé du vandalisme ou de la négligence. C'est à deux kilomètres de là, que l'on rencontre la jolie bourgade de Claix.

Elle possède, elle aussi, son souvenir historique, dans la vieille tour d'Allières, qui la domine. La terre de Dauphiné, jadis si pleine de nobles hommes, a su conserver pour souvenir la parure des vestiges de leurs demeures ! Claix est riche encore d'un souvenir plus récent et plus littéraire : l'allée des Tilleuls et la maison de campagne de Beyle-Stendhal au hameau de Furonières.

La Moucherolle au-dessus de Corençon.

Encorbellement de la Route d'Engins.

Pont Charvet.

III

Les puissantes assises qui soutiennent les plateaux du Vercors dominent de tous côtés de murailles abruptes les plaines environnantes, et se dressent inaccessibles comme les remparts d'une forteresse. Mais de même que l'écroulement d'un redan comble parfois le fossé et ouvre un chemin à la colonne d'assaut, un événement fortuit est venu faciliter l'accès par la brèche qui baille au-dessus de Sassenage.

Aux temps géologiques de la période glaciaire, tout le bassin du Villard et de Lans était occupé par un vaste glacier qui se prolongeait dans la gorge d'Engins et venait s'écouler dans la plaine par l'ouverture qui domine Sassenage. C'est là que s'établit sa moraine frontale et qu'il entassa en un immense talus les blocs arrachés aux escarpements de la Moucherolle. Aujourd'hui le cône de déjection qui s'avance dans la plaine, pétri de boues glaciaires et de blocs erratiques, porte le nom de Côtes de Sassenage. C'est là que pendant de longues années on a facilement exploité les énormes échantillons de ce beau calcaire néocomien charriés par le glacier qui, à cause de leur situation, avaient pris en architecture le nom de Pierres de Sassenage. L'exploitation a été si intensive qu'on n'en trouve plus guère, et qu'on emploie maintenant comme analogues les pierres du Raz ou d'Hauteville.

Au travers de ces débris que recouvrent des vignobles estimés, la route du Vercors s'élève par deux grands lacets pour gagner l'orifice de la dépression supérieure. Naguère, au niveau même du Furon, elle franchissait l'étranglement par les Portes d'Engins, auprès du curieux Pont Charvet. Depuis 1896, elle a décrit au-dessus des Côtes une volute de plus pour venir attaquer en plein corps la paroi rocheuse

Les Geymonds.

qu'elle traverse par
un encorbellement   sensationnel et un petit tunnel.

C'est alors un bassin alpestre, largement ouvert et luxueu·
sement ensoleillé, qui, station intermédiaire entre la plaine et le
plateau supérieur, a pris le nom d'Engins, son principal village. Les
maisons n'y sont point agglomérées, elles se dispersent au milieu
des pentes et des mamelons cultivés, et le centre de la commune ne
réunit guère que l'église, la cure, la mairie et l'école. L'ancien
chemin muletier passait au devant de la vieille église : la route
avait déjà contourné la base de son mamelon, la rectification récente
la laisse encore plus à l'écart, et naturellement les auberges ont
suivi les mouvements de la route.

Au haut de la pénible montée qui dure pendant 12 kilomètres
depuis Sassenage, les auberges d'Engins sont, à tour de rôle pour
ne pas faire de jaloux, la halte des voitures et la restauration des
voyageurs.

Après les magnifiques coups d'œil dont on a joui vers la fin de

Relai à Jaume.

Vallon
du Villard de Lans.

l'étape, le site du repos parait un peu banal. Mais à quelques cents
mètres en amont s'ouvre un de ces défilés étranges, au pittoresque
sans cesse renouvelé, comme le Vercors en recèle vers toutes ses
issues. Au fond de la combe creusée suivant l'allure ordinaire, les
eaux se sont encore scié une fissure étroite, capricieusement sinueuse,
où le torrent et la route laissaient bien rarement place à de minces
pelouses ou bien à quelques sapins. Au temps de l'expansion glaciaire, le dur rabot des glaces a laissé de nombreuses traces dans ce
corridor où elles étaient comprimées ; la roche étant ici en stratifi-
cation presque horizontale, certains bancs ont offert moins de résistance que les autres, et des encorbellements prononcés s'offrent aux

Face Nord de la Moucherolle.

yeux de ci de là. Au premier tiers des Gorges la paroi de gauche s'entrouvre pour laisser arriver au torrent un délicieux vallon romantique, celui du Bruyant, qui, par un ruisseau dont le nom annonce le régime, écoule tout le flanc occidental du Moucherotte et de ses contreforts.

Les parois des Gorges s'abaissent, leur goulet se resserre, puis un coup de collier vous amène sur le plateau.

Ici le contraste est frappant avec le trajet accompli. Une plaine herbeuse à peine mamelonnée s'ouvre largement sous les yeux. Elle a plus de dix kilomètres de longueur, et trois environ en largeur : les crêtes qui l'entourent, quoique assez fortement redressées, paraissent peu saillantes, et c'est à peine si tout au Sud la majestueuse Moucherolle attire l'attention. Le paturage est la principale utilisation de cette haute plaine et de toutes parts les troupeaux de bêtes à cornes paissant déroulent leurs théories. Dans une sorte de golfe à l'Est, le village de Lans se tapit contre la montagne, après avoir détaché dans la plaine, sur la route, son hameau de Jaume, nouveau relai habituel des voitures. Tout au Sud, et presque sous l'élégante coupole de la Moucherolle, on voit sur un coteau jaillir les maisons blanches du Villard de Lans.

C'est là que, par des ondulations presque insensibles, se séparent les deux bassins, du Furon s'écoulant vers le Nord, et de la Bourne qui prend sa course au Sud·avant de s'infléchir à l'Ouest.

Le Villard de Lans, capitale de la région, chef-lieu du canton, est un séjour favori des estivants. Il n'offre par lui-même aucune curiosité, si ce n'est la forme caractéristique des pignons de ses maisons disséminées au hasard et à qui tout alignement est inconnu. Hélas ! les architectes modernes ont sévi dans la vieille bourgade, et à la place de l'ancien château des de Pellissière, vieille bâtisse sans caractère, mais qui s'harmonisait bien avec l'ensemble, brille maintenant un Hôtel de Ville tout flambant neuf, dont se flatte l'orgueil des habitants mais que déplore le goût.

Corençon.

La fortune du Villard est dans le pittoresque de ses environs. De toutes parts des promenades, des excursions s'offrent au promeneur, graduées pour toutes les forces et pour tous les appétits. Le paysage de l'entrée des gorges de la Bourne, le site romantique de la source du Petit Vaucluse, les pierres quasi druidiques du vallon de la Fauge, la forêt de Valchevrière, les bois, les clairières, les paturages, jusqu'à l'imposante escalade de la Grande Moucherolle à l'accès si varié, procurent facilement un mois de distractions croissantes et ininterrompues.

On va peu à Cornafion, qui se découpe pourtant si hardi sur l'horizon, et les marcheurs se portent de préférence au Col Vert ou à la Moucherolle. L'un est l'apéritif, l'autre le plat de résistance.

Par les prairies qui dominent à l'Est le gracieux vallon de la Fauge on s'élève en suivant les zig-zags capricieux du sentier, jusqu'à la ceinture d'escarpements, puis en deux lacets sur des corniches on débouche brusquement à la fenêtre du Col Vert. Ici l'arête sommitale est réduite à une épais-

scur presque théorique : une fente de deux mètres à peine de
largeur la pénètre, et de ce balcon aérien on jouit d'une vue
merveilleuse sur le vallon de St-Paul de Varces qui s'ouvre à vos
pieds, la vallée du Drac et les coteaux qui l'entourent, les montagnes de la Mateysine et les grands pics de l'Oisans. Le chemin
s'évade sur la droite, contourne de profonds précipices, et atteignant le col secondaire des Combes descend à volonté sur Varces
ou sur Prélenfrey. Aller et retour du Villard de Lans, le belvédère
du Col Vert demande à peine quatre heures.

L'ascension de la Grande Moucherolle est chose plus sérieuse et
occupe toute une journée. Vers le géant calcaire, les trajets d'accès
sont nombreux. Les touristes moins intrépides s'y rendent par le site
original de la Fontaine de l'Oule, la combe pierreuse du Col de la
Moucherolle et les rocailles faciles qui le joignent au sommet. Les
grimpeurs gravissent les terrasses des Portons, parviennent au plateau des Deux Sœurs, et terminent l'escalade par l'arête rocheuse
septentrionale. Un chemin intermédiaire, qui consiste à s'élever au
dessus de la fontaine de l'Oule par une corniche de l'arête occidentale, a été discrédité par la mort de M. Bressant, notaire à Grenoble,
qui y périt le 19 juillet 1851 par suite d'une chûte de pierre.

Bien que son altitude (2289 m.), soit un peu inférieure à celle
du Grand Veymont (2346 m.) le panorama de la Moucherolle est le
plus remarquable, le plus varié de tout le massif. Un dicton local
veut qu'il s'étende sur sept départements : et de fait on en plane
comme en ballon sur une grande partie de la Drôme et de l'Isère, les
cimes des Hautes Alpes, de la Savoie et de la Haute-Savoie en émaillent l'horizon, et le regard en caresse les reliefs des Cévennes, la bosse
du Gerbier des Joncs, source de la Loire, dans l'Ardèche et les
coteaux du Lyonnais et du Vivarais dans le Rhône.

Le spectacle que l'on en découvre est donc aussi varié que le
sont les régions que l'on traverse dans son ascension, car on s'élève
successivement au travers des cultures et des prairies, puis des taillis
et de la forêt de sapins, avant d'atteindre la ceinture pastorale

qu'habitent les bergers de Provence. Au gré des accidents locaux, le paysage se renouvelle à chaque instant, et tantôt. dans un chemin pierreux on est enserré par le bois, tantôt découpant une arête on jouit d'une vue toujours grandissante sur le vallon du Villard de Lans et ses annexes. Ici un fond vaseux retient les empreintes parmi lesquelles on démêle parfois celle des ours, mélancoliques promeneurs au travers de ces forêts contigües sur de si grands espaces, là deux petites parois de rochers qui s'allongent, forment un cañon minuscule. Puis plus haut c'est la rocaille grise, les débris entassés, entre lesquels poussent encore quelques brins d'herbe, jusqu'à ce que la roche terminale, la haute et franche cassure du calcaire néocomien, jaillisse ardue vers le ciel, blanche comme les pics sauvages des Dolomites.

L'ascension de la Moucherolle n'est point un haut fait d'alpinisme, mais c'est une charmante excursion.

Au delà du Villard de Lans et de son renflement, le plateau continue encore vers le Sud pendant deux ou trois kilomètres. Il n'est plus arrosé par le cours paresseux de la Bourne, mais écoulé par son affluent le ruisseau de Corençon. Puis les pentes se redressent, et le plantureux berceau vient se heurter au hameau des Guillets à un contrefort déroulé de la Moucherolle.

Un trait de scie le divise, formant un défilé triste et blanchâtre, après lequel on ressort bientôt dans l'oasis de Corençon.

Ce fut là sans doute le gite d'un lac morainique, au cours des façonnements de la période glaciaire, et les boues d'alors en comblant ce bas-fond lui ont préparé son admirable fertilité pastorale. Corençon, à l'image du Villard de Lans, groupe ses maisons sur un petit monticule au milieu d'une vaste clairière. Au delà la forêt reprend son empire, les bords de la conque se redressent, et dans un prolongement indéfini vers le Sud, le plateau aux arbres espacés et rabougris vient expirer dans les solitudes de la base du Grand Veymont.

Ce petit berceau de Corençon, où l'allure du Vercors est déjà bien caractérisée, est l'une des très anciennes étapes de ces montagnes.

ET PLACET ET TERRET

En outre de la route qui par le défilé des Guillets le rattache au Villard, il communique à l'Est, au travers de la riche forêt de la Loubière, avec Tourtres par les cols dits le Pas de l'Ane et le Pas de la Sambue, et du côté de l'Ouest, il voit s'ouvrir dans la ceinture des escarpements sommitaux au Sud de la Moucherolle la large dépression du Pas de la Balme où il prend un passage pour descendre dans la vallée de la Gresse.

Suite naturelle des vallons de Varces et de Prélenfrey, le vallon de Saint-Guillaume et de Lanchâtre continue ici le fossé profond qui se creuse à l'Est au pied du long rempart du Vercors, et il se tapit au dessous des puissants redans de la Moucherolle, du Gerbier et des Deux Sœurs. Ce n'est pas de ce côté que se font jour les résurgences des lapiaz supérieurs, et ses coteaux arides et ingrats ont peine à alimenter le mince cours d'eau de la Gresse. Dans ses campagnes déshéritées, une quatrième Merveille du Dauphiné attirait naguère certains visiteurs. La Fontaine Ardente, la fameuse Fontaine qui brûle de Tardin, se trouvait dans un des ravins de la commune de St-Barthélemy du Guâ. Là des gaz combustibles s'échappaient du sol, et bouillonnant parfois au-dessus d'une flaque d'eau, ils pouvaient y être allumés et produire ainsi l'effet singulier d'une flamme s'élevant des eaux. Un ingénieur, M. Piret, croyant y mettre à jour une source de pétrole, fit faire il y a quelque vingt ans des travaux considérables, bouleversa le sol, tarit la source des gaz et engloutit l'argent de ses actionnaires.

Plutôt que de se laisser exploiter, la fière Merveille s'est évanouie.

IV

Clelles et le Mont-Aiguille. — Le Grand Veymont. — Le plateau de Prépeyret. — Le Glandas.

La haute chaîne orientale du Vercors, que nous avons vue naître aux Trois Pucelles s'est prolongée directement au Sud jusqu'à l'épais redan des Deux Sœurs. Là elle s'est infléchie à l'Ouest par la Moucherolle, dont les majestueux escarpements forment une courbe qui lui a valu le nom de Grand Arc, puis l'arête sommitale a repris la direction du Sud par une série de monticules ou de dentelures que la première édition du Guide Joanne comparait un peu prosaïquement à une rangée de grenouilles accroupies.

Sur le flanc occidental de cette chaîne, le vallon de Corençon s'est relevé en un plateau très allongé, d'abord assez abondamment forestier, puis à végétation de plus en plus clairsemée à mesure que l'on gagne en altitude, et que la terre végétale se raréfie sur l'ossature de la roche. Une verdoyante oasis se dessine un moment par la gracieuse prairie d'Arbounouse ou Dorbonouse, mais lorsqu'on parvient vers la base du Grand Veymont, le plateau qui porte ici le nom officiel de Forêt Domaniale du Vercors n'offre plus que de rares et maigres sapins formant de ci de là des tâches sombres sur un désert blanchâtre.

Cet espace de plus de vingt kilomètres de long sur six à sept de large, absolument inhabité, et où seuls s'aventurent de temps en temps les gardes forestiers, est le dernier refuge, la citadelle intime des Ours du Vercors. On se demande de quoi ils y peuvent vivre, mais presque tous les ans, au fort de l'hiver, quelqu'un de ces ascétiques solitaires, poussé par la faim, quitte son gîte, et vient après quelque courte ripaille dans les étables, se faire tuer à Gresse ou à Chichiliane. Cette région désolée serait l'extrémité méridionale du massif du Vercors sans la bizarre expansion du Glandas. Elle se termine brusquement sur sa plus grande largeur à la cassure nette

Le Grand Veymont.

dont le But Sapiau (1620 m.), le Pas de l'Echelette (1709 m.) et le Col des Econdus (1736 m.) dominent les vallons de Chamaloc et de Romeyer-en-Diois.

Mais au Sud-Est une bande de pâturages la traverse, faisant communiquer par le plateau de Prépeyret et la plaine de la Cléry le

Le Mont-Aiguille, vu du Grand Veymont.

Pas de Chabrinel au haut du vallon de Romeyer avec le Pas de la
Selle ou le Pas de la Fouille, du Fouillet ou des Bachassons qui
descendent dans le vallon de la Pellas, affluent de l'Ebron.

Sur ce passage très anciennement fréquenté et qui formait naguère la principale voie de communication entre Die et Grenoble, se
trouvait jadis une sorte d'auberge, à plus de 1600 mètres d'altitude,
dite le cabaret de Prépeyret (Pré-pierreux, d'après M. Mellier) dont
l'importance est allée en s'amoindrissant par la raréfaction du transit.

Au delà de cette combe pastorale, enserrée entre des dômes
herbeux qui de cette hauteur paraissent monticules et atteignent
pourtant 1872 mètres à la Tête de la Graille et 1949 mètres au Roc
Mazilier, au Nord, 1996 mètres aux Rochers du Parquet et 1872 m.
au sommet de Tourte-Barreaux, au Sud, le haut du plateau verconsin
se reprend et s'étale par le puissant redan du Glandas. Là encore
une sorte de plaine ondulée de dimensions fort irrégulières, ébréchée
de toutes parts par de colossales érosions, se trouve supportée sur
tout son pourtour par des escarpements grandioses. A l'Est, brille
la Croix de l'Autaret (1952 m.) dite *de Altareto* en 1325, symbole
de l'ancienneté du passage. La partie la plus méridionale à laquelle
est spécialement réservée le nom de Glandas atteint la hauteur de
2025 mètres et domine de formidables à-pics Chatillon en Diois,
Menée et l'imposant cirque d'Archiane. C'est le domaine des bergers
de Provence et de leurs troupeaux, car une exploitation barbare y a
ruiné la forêt qui ne se trahit plus que par quelques troncs désséchés
et blanchis. Tout au Sud a subsisté jusqu'à ces dernières années une
forêt de pins *mugho* qui produisaient une résine renommée. Pour
l'extraire les montagnards avaient bâti de ci de là quelques chalets
que la carte de l'Etat-Major enregistre sous le nom de Fabriques de
poix. Là encore l'exploitation intensive a ruiné la forêt, les pins ont
disparu, et des fabricants de poix il ne reste plus que le souvenir
(Et. Mellier. *Le Vercors*).

Sur tout ce Vercors méridional se profile la haute et caractéristique silhouette, en forme de chapeau de gendarme, du Grand

Veymont (2346 m.). C'est là la cime par excellence, le point culminant de la région, peu farouche d'ailleurs et d'un accès débonnaire :
un grand signal de triangulation le domine et commande un panorama merveilleux sur le Vercors, le Diois, le Trièves, la Mateysine et
le Graisivaudan. L'œil scrute les pics neigeux de l'Oisans, se heurte
aux rocs sublimes du Dévoluy et vient se reposer sur la bizarre
configuration du Mont-Aiguille, sorte de contrefort de la montagne.

Entre les vallons secondaires de la Pellas et de Chichiliane,
relié à l'arête sommitale par une selle de verdure dite le Col de
l'Aupet, un monolithe s'avance, taillé comme un dé gigantesque. Sur
tout son pourtour, d'ailleurs assez restreint, une ceinture continue
de hauts escarpements en défend l'accès, et leur abrupt est si
surprenant qu'on les dirait en surplomb. La circulation jadis assez
active entre Die et Grenoble l'exhibait aux yeux de tous les voyageurs.
Que l'on franchît le Pas de la Selle, celui des Bachassons ou celui
de la Ville, on ne pouvait ne pas en être frappé, on en parlait, et la
féconde imagination des peuples l'avait orné de fabuleuses légendes.
Sous le nom de Mont Inaccessible, il avait pris place au nombre des
Merveilles du Dauphiné, et quand Charles VIII, au départ d'une
campagne en Italie, séjourna à Grenoble, il entendit parler de la

Le Mont-Aiguille.

Le Mont-Aiguille vu du Col de Chichilianne.

Vue d'Autrans.

Place de Chichilianne.

merveille et sa curiosité s'en émut. Etait-elle vraiment inaccessible ?
Il délégua pour s'en assurer l'un de ses ingénieurs, Antoine de Ville,
seigneur de Domp-Julien de Beaupré, capitaine de Montélimar, et
cet officier s'étant fait assister d'échelles, de cordages et d'engins de
toutes sortes parvint le 26 Juin 1492 sur le plateau sommital et y
demeura quelques jours avec les hommes qui l'avaient accompagné.

Depuis cette mémorable escalade, la première officiellement
faite pour le seul mérite de l'ascension, les visites au plateau du
Mont-Aiguille furent assez rares. On cite celle que fit le 16 Juin 1834

Mont-Aiguille
(face d'ascension).

le curé de Chichiliane accompagné de M. E. de Rochas et de
quelques montagnards, et ce furent seulement les travaux de la
ligne du chemin de fer de Grenoble à Veynes, qui en ouvrant
presque au pied du colosse la halte de St-Michel-les-Portes et la
gare de Clelles ramenèrent sur lui l'attention des touristes. En 1879,
le Club Alpin fit sceller dans la roche des câbles métalliques pour
faciliter le passage aux endroits les plus dangereux, et depuis lors
l'ascension du Mont-Aiguille a été faite bien des fois par des
touristes exercés, même par d'intrépides dames. Elle n'en demeure
pas moins une entreprise assez difficile qui exige des muscles
assouplis, des nerfs paisibles et une tête à l'abri du vertige.

V

*Les vallées d'Autrans et de Méaudre, fin des Quatre-Montagnes. —
Les forêts du Pas de la Claie et du Pas de Montbrand. — Les premières
assises, Aizy et Montaud. — Les contreforts occidentaux : les Ecouges, Malaval,
Rencurel, Presles.*

Précédés par Engins dont le berceau forme une sorte de palier
intermédiaire avec la plaine, Lans, le Villard et Corençon étalent
leurs prairies dans un long plateau aux ondulations à peine sen-
sibles. Une faible clôture de collines forestières, prolongement ici
bien réduit des grands rochers de la Pyramide de la Buf et des hauts
sommets de Sornin, en sépare la partie septentrionale des deux
dernières des Quatre-Montagnes, Autrans et Méaudre.

Celles-ci s'accolent dans la ride suivante, formant elle aussi un
plateau allongé, un peu plus élevé et d'un aspect plus sylvestre que
celui de Lans. Ce sont deux vastes clairières entourées de forêts.

Au Nord le village riant, populeux et dispersé d'Autrans occupe
de ses maisons et de ses terres une plaine largement ouverte, reste
évident d'un ancien lac, dont le fond garni de vase et d'humus
fournit une luxuriante végétation pastorale. L'altitude moyenne est
un peu supérieure à mille mètres. Tout autour de la large tache
verte que piquent par places les points blancs et rouges des maisons,
les tons noirs de la forêt de sapins revêtent les pentes assez douces
qui forment les rebords de cette cuvette. Lorsqu'on s'y promène, on
a peine à croire que ces collines boisées qui vous entourent constituent les pics imposants qui font saillie sur la ceinture extérieure
des escarpements, Signal de Naves (1613 m.), Bec d'Orient (1554 m.),
Pyramide de la Buf (1627 m.), Sornin (1599 m.), et entre lesquels
s'insinuent ces passages rocailleux qui sont le Pas de Montbran
(1443 m.), le Pas de la Claie (1510 m.), le Pas du Mortier (1525 m.),
etc. La montagne n'y a aucun aspect sauvage ou terrible, on n'y voit
pas même de rochers : c'est un grand parc, admirablement tenu et verdoyant, au travers duquel serpentent, comme des allées, les larges

chemins à pentes douces qui mènent aux forêts ou aux pâturages. Deux bonnes routes y conduisent: l'une partant de Lans, du relai de Jaume, franchit par un petit col forestier les collines qui lui servent de barrière orientale, l'autre par Méaudre, se rattache au Villard. Aussi depuis longues années déjà ce tranquille et reposant village d'Autrans est-il un centre d'estivage chéri des Grenoblois et des Lyonnais. Ses trois hôtels ne suffisent pas à l'affluence des citadins cherchant un refuge salubre contre la chaleur d'Août, et nombre de maisons, même assez écartées, se sont aménagées en villas à leur intention.

Autrans, sur la prospérité de qui plane l'ombre bienveillante de son ancien maire, M. Julien Bertrand, est l'un des principaux centres d'élevage de la belle race bovine dite du Villard de Lans; les bestiaux, les fromages et l'exploitation des bois formaient ses immémoriales ressources, auxquelles sont venus de nos jours s'adjoindre les profits qu'il retire du tourisme sédentaire.

Immédiatement au Sud du village un mamelon boisé se redresse, coupant le berceau, et ne laissant de chaque côté qu'un étroit passage entre sa base et celle des collines du pourtour. Haut de près de 1200 mètres, il sépare le bassin supérieur d'Autrans du bassin inférieur de Méaudre. Inférieur! oh! bien peu! car Autrans culmine à 1050 mètres d'altitude moyenne, tandis que Méaudre gît à 980.

Sauf que son berceau est un peu plus restreint, nous retrouvons à Méaudre les mêmes éléments qu'à Autrans: une route qui traverse une jolie miniature de gorges le relie à la belle route de la Bourne, vers le hameau des Jarrands, et de là au Villard de Lans.

A Autrans, les écoulements du large plateau étaient presque insensibles; mais le mamelon intermédiaire les a forcément rassemblés; ici, ils s'augmentent encore, et le ruisseau qui prend le nom de Méaudret amène à travers ses gorges à la Bourne un tribut déjà respectable.

Nous avons vu que toutes les pentes des collines qui entourent ce plateau sont tapissées de bois et de forêts qui lui forment une ceinture continue: aussi les animaux sauvages y ont-ils longtemps

Autrans.
Place Julien-Bertrand.

persisté, et sur le chemin du Pas de la Claie, on rencontre une
source qui porte encore le nom caractéristique de Fontaine de l'Ours,
tandis que sur celui du Pas de Montbrand, qui conduit aux Ecouges,
on trouve la Fontaine Renard.

Ce Pas de la Claie, ainsi nommé du petit portail en bois qui en
défend souvent le passage aux bestiaux, conduit au travers des
escarpements qui soutiennent le plateau supérieur à la terrasse
extérieure de Montaud, de même qu'à l'Est le Pas du Mortier
descend à la terrasse d'Aizy. Les crêtes de 1500 à 1600 mètres
d'altitude qui contiennent les berceaux d'Autrans et de Méaudre ne
jaillissent pas d'un seul jet du niveau de la plaine. De même que
dans les montagnes de la Chartreuse la haute chaîne de la Dent
de Crolles et de l'Aup-du-Scieu
s'appuie sur les premières
assises de St-Pancrace et
St-Bernard, ici les co-
teaux d'Aizy et de Mon-
taud forment à une hau-
teur moyenne de sept
cents mètres une sorte
de palier dans l'ascen-
sion des cîmes.

Race du Villard de Lans.

Bec de l'Echaillon.

Vue de Montaud.

Cascade de la Druise.

Tunnel et Route de Mallerat. — Gorges du Nan.

Méaudre.

Prolongement extrême de ces coteaux de Montaud, la Dent de Moirans ou de Montaud (993 m.), offre un belvéder merveilleux d'où l'on plane sur le coude de la vallée de l'Isère. Elle a elle-même un contrefort, le plateau et les bois de Saint-Ours projetés au-dessus de la plaine par le Bec de l'Echaillon (400 m.), en qui nous trouvons l'extrémité la plus septentrionale de notre massif.

Les escarpements abrupts qui plongent dans l'Isère au-dessous de Saint-Ours appartiennent à l'étage co-rallien et fournissent les beaux marbres connus sous le nom de pierres de l'Echaillon. Là le cours sinueux des eaux vient baigner le pied de la montagne, et l'ancien port de Veurey à l'Est, celui de Saint-Quentin à l'Ouest sont les points de départ des deux routes carossables de Montaud.

Au Sud Ouest, la terrasse de Montaud se continue et se prolonge sur toute la longueur de

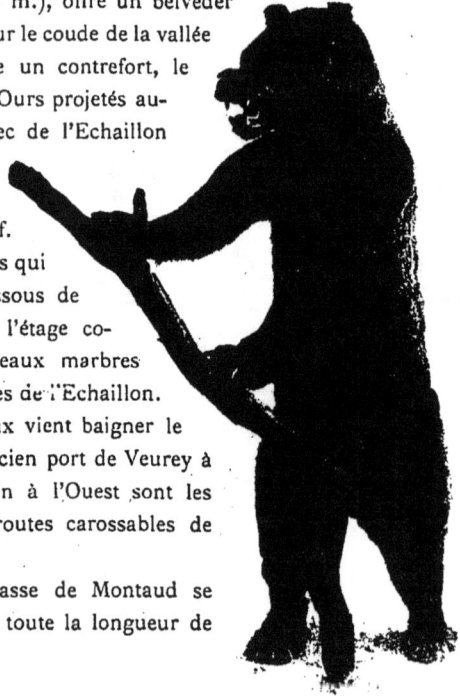

la chaîne avec des mouvements assez prononcés, et avec des coupures qui ouvrent chacune une pénétration pittoresque aux villages de la plaine vers ce premier ressaut. Après le col de Romeyer, elle se flanque à son tour d'une terrasse supplémentaire, et après l'interruption du sillon de la Bourne, son prolongement devient le plateau principal du massif, substitué au vallon décroissant de Corençon en qui se sont fondus les berceaux d'Autrans et de Lans.

Au Sud du village de Montaud, le plateau se relève rapidement, et arrive au pied du Bec de l'Orient à l'altitude de 1107 m. au signal de Facebelle ; mais là il est presque entièrement emporté par un vaste entonnoir creusé par l'Alchine, dont le cône de déjection forme dans la plaine le monticule sur lequel est bâti le gracieux village de la Rivière. Une étroite corniche inclinée subsiste seule un instant pour servir d'assiette au chemin accidenté qui, par le Col de Fessoles, conduit de Montaud au Rimet et aux Ecouges, puis en dessous du Signal de Naves la terrasse recommence et se couvre d'un opulent pâturage consacré à l'estivage des bêtes à cornes ; c'est le Rimet de Fessoles, propriété de la famille de Chabert d'Hières.

Une anfractuosité de la roche support sert de prétexte à un sentier scabreux, dit le Pas du Versoud, pour gagner au plus vite la plaine en amont de Saint-Gervais. Mais après un ressaut qui en rabaisse l'altitude d'environ 200 mètres, notre terrasse élargie se creuse et devient le charmant vallon des Ecouges.

Dans ce site gracieux et romantique, environné de bois, et séparé du reste du monde par deux bancs de rochers, les religieux de St-Bruno avaient en 1116 fondé la Chartreuse des Ecouges (965 m.). Nommé d'abord *Scoges* en 1104, ce lieu est désigné sous le nom d'*in Exqugiis* dans la charte de donation, et de *domus Excubiarum* en 1139. On s'y rendait alors par un chemin pavé montant de la Rivière et s'élevant par une corniche intermédiaire. Un savant recueil de chartes publié par M. l'abbé Auvergne nous fait suivre depuis la consécration de son église en 1139 jusqu'en 1464 les destinées de la maison des Ecouges. L'Ordre des Chartreux la céda en 1422, et le monastère fut bientôt abandonné. En 1445, il n'y avait plus qu'une grange qui fût entretenue ; le domaine fut au temps de la Révolution vendu comme propriété nationale, et aujourd'hui quelques pans de murs envahis par la végétation, « la partie basse de l'abside de la vieille église, et dans cette abside son vieil autel en moellons polis » sont les seuls vestiges que l'on en retrouve.

Le vallon des Ecouges forme sur cette terrasse extérieure une sorte de dépression comprise entre le Col de Fessoles au Nord et le Col de Romeyer au Sud. Les eaux qui s'y réunissent et constituent le ruisseau de la Drevenne, ont, près de l'ancienne Chartreuse, entamé la paroi occidentale par une gorge courte mais curieuse qui ne s'est pas insinuée jusqu'au bas de l'escarpement et aboutit aux belles cascades superposées de la Drevenne. Une route récente y passe : la traversée des escarpements de l'ancien Pas de l'Echelle et de la gorge de la Drevenne constitue le *clou* de cet itinéraire.

Le vallon boisé qui remonte au Col de Romeyer est un peu monotone ; la paroi supérieure s'échancre seulement un instant pour laisser arriver d'Autrans le sentier du Pas du Cumacle, puis au Sud la terrasse s'étale et se dédouble.

Un large et riant berceau descend jusqu'à la Gorge de la Bourne par les terres ensoleillées de Rencurel, et lui envoie ses écoulements par le ruisseau de la Doulouche, tandis qu'à l'O. un vaste plateau ondulé prolonge jusqu'au-dessus du Pont-en-Royans et de Choranche les imposants rochers qui soutiennent la commune de Presles. Retranché du monde par les à-pics qui l'entourent et lui donnent l'aspect d'une imprenable forteresse, Presles ne s'accédait jadis que par un sentier venant de Rencurel. Comme rien n'est aujourd'hui impossible à la science, une bonne route y monte en 12 kilomètres du Pont-en-Royans, traçant ses lacets avec autant de désinvolture dans le roc que sur les pentes inférieures. Presles *(ecclesia Beatœ Mariœ de Pratelis*, des Petits Prés), comme Rencurel, élève beaucoup de chèvres et se livre à la fabrication de ces petits fromages blancs, dits tomes de Saint-Marcellin.

Saint-Gervais.

Dans la plaine qui ourle ici notre massif, après la Rivière, nous avons mentionné Saint-Gervais et son port, jadis prospères par le fonctionnement d'une Usine nationale de fonderie de canons pour la marine.

La fermeture de l'établissement lui a ôté de son animation sans rien lui faire perdre de son charme. Dans ces plantureuses campagnes, avant coureur du Royannais, on rencontre ensuite Cognin à l'ouverture du vallon de Malleval.

Celui-ci est un petit berceau juché sur une terrasse intermédiaire, au-dessous des grands rochers de Presles et de Romeyer. Son cours d'eau, le Nan, s'était creusé dans la bordure de roches qui le soutiennent une fissure gigantesque où s'insinuait péniblement un sentier rocailleux. Depuis quelques années une belle route y parvient, traçant dans la paroi rocheuse des Goulets comparables à ceux du Vercors proprement dit, et les Gorges du Nan ont ouvert aux touristes un nouveau but de promenade, un nouveau sujet d'enchantement.

Route des Ecouges.

VI

La Vallée de la Bourne. — La Balme de Rencurel, Choranche, les Chartreux. — Le Pont-en-Royans.

La vallée de la Bourne est la principale vallée de notre massif du Vercors, celle dans laquelle le travail des eaux a été le plus avancé et le plus complet, de même que le torrent qui la parcourt est l'artère maîtresse de ces montagnes, celle dont le cours est le plus allongé, le plus régulier, celle qui reçoit le tribut de toutes les autres. Du lieu de sa naissance aux environs de Lans, jusqu'à son embouchure dans l'Isère au pont de St-Hilaire, elle parcourt plus de 45 kilomètres et déverse en moyenne douze mètres cubes d'eau par seconde. Sa pente normale est de 2 % car elle se forme à 1000 m. environ d'altitude et se perd dans l'Isère vers la cote 160 m., mais elle se répartit naturellement en plateaux et en rapides, et n'en est pas encore arrivée à cette régularité de pente qui est la caractéristique des cours d'eau dont le travail est achevé.

En esquissant la physionomie du plateau de Lans, nous avons vu la Bourne se former insensiblement à peu de distance de Jaume par les écoulements des ondulations herbeuses qui le sillonnent. Son cours paresseux et lent décrit de nombreux méandres, forme de ci de là quelques marais, jusqu'auprès des Geymonds où il se canalise à l'O. au pied de la colline de Méaudre. Parvenue en face du mamelon du Villard, elle reçoit sur sa gauche le ruisseau de Corençon, grossi du ruisseau de la Fauge et de celui de la Fontaine du Petit Vaucluse, puis elle tourne brusquement à l'O. et franchit, par un défilé ouvert dans les calcaires crayeux, la colline de Méaudre qui va se prolongeant au Sud vers Corençon par le renflement de Bois-Barbu.

Ce défilé est déjà fort curieux, et son entrée est gardée par un monolithe, le Pic de l'Aiguille, qui se mire dans les eaux. La gorge qui incline au Nord Ouest se fraie un chemin au travers de contre-

Entrée des
Gorges de la Bourne.

forts boisés, aux gracieuses perspectives, mais sans grande
importance, et un coude plus franchement à l'Ouest l'amène à
un élargissement où le confluent du Méaudret qui lui arrive sur
la droite forme une sorte de plaine. Le petit hameau des Jarrands
jalonne cette jonction, d'où la route de Méaudre et d'Autrans se
sépare de la voie principale du Villard au Pont-en-Royans.

C'était là que naguère commençait le chemin de la montée des
Rages ; mais maintenant la route se précipite à la suite du torrent
dans la faille grandiose où commencent les pittoresques Gorges de
la Bourne. S'ouvrant au premier abord d'une manière insensible, la
fissure s'insinue bien vite vers le Sud au plus profond des entrailles
de la montagne. Le ciel ne vous apparaît plus que par l'étroite
échancrure du trait de scie, la lumière pénètre à peine, mais une
végétation luxuriante entretenue par l'abondante humidité dégagée
du torrent qui se brise contre ses récifs recouvre de verdure et de
feuillages toutes les anfractuosités des parois. C'est un spectacle
indescriptible, c'est l'orgie des eaux et des roches, c'est un vacarme
étourdissant qui s'élève du torrent en liesse, tandis que bien timide
et souvent trop étroit le boyau de la route s'accroche à la muraille
de droite, s'y incruste et s'y incurve au gré des caprices du maître.

Route de la Bourne : Sous la Roche.

La Scierie de la Bourne.

Un Tournant de la Route.

... de Choranche.

... Baime de Rencurel.

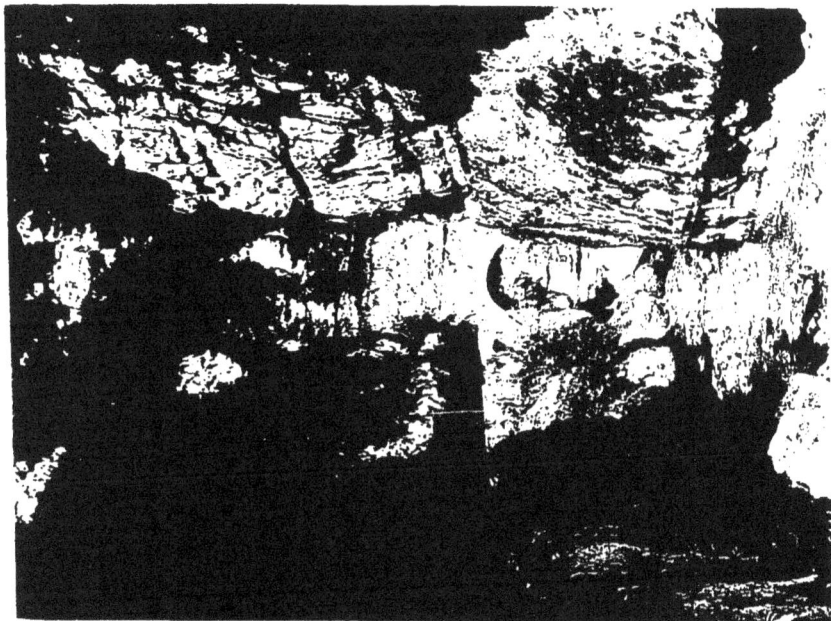

Route de la Bourne.

Route du Vercors.

Parfois retenues par une ride moins profondément entaillée, les eaux se calment et forment un miroir, parfois subitement déchaînées
elles se brisent en flots d'écume sur les entas-
sements de pierres qui semblent vouloir les
arrêter dans leur cours. Des bancs de la roche
plus résistants forment des
sortes d'arceaux, des sem-
blants de cavernes où se tapit
la chaussée, un embryon de
terrasse sur la rive gauche
donne asile à une
scierie, puis la route
se fraie un passage
au travers de deux épe-
rons rapprochés. C'est
une succession ininterrompue
de tableaux surprenants et grandioses, c'est une féerie !

L'Aiguille.

Entre temps l'original régime hydrolo-
gique du Vercors nous prépare des surprises :
au niveau de la Bourne, de sombres arcades
s'entrouvrent donnant issue à de mystérieux
affluents, et l'on remarque surtout sur la rive
gauche en un point d'évasement de la gorge, la
large grotte de Goule-Blanche qui livre au prin-
temps passage à un fort cours d'eau, dérivant mystérieusement de
Bois-Barbu et des plateaux de la Loubière.

La route franchit le torrent par le Pont de Valchevrière, et se
déroulant maintenant sur la rive gauche, s'oriente à l'O. et pénètre
dans un nouvel étranglement tout tapissé de mousses. Par un hasard
étrange, une maison est venue se blottir dans ce désert humide,
mais les ruines toute proches d'une autre construction nous

montrent que l'établissement n'est pas en voie de prospérité. Les parois de chaque côté s'élèvent à pic, les arbres ne trouvent presque plus de minuscules terrasses où s'accrocher, et le ciel semble à des distances infinies, quand dans un décor sublime on voit se profiler devant soi l'arche ténue du Pont de Goule-Noire.

Ici la hardiesse des ingénieurs a dédoublé la route. Sur la rive gauche, une voie se relève, franchit par deux tunnels successifs deux barrages de roches dégringolés des bois de Valchevrière, donne des aperçus merveilleux sur le cours inférieur de la Bourne, la Balme de Rencurel et le vallon de Rencurel lui-même, et parvient sur une sorte de terrasse au Col de la Martelière pour accéder au Vercors proprement dit.

La route de la Bourne a jeté de l'une à l'autre des parois le pont aérien dit de Goule-Noire parce qu'il domine la belle et curieuse grotte de Goule-Noire ouverte au niveau du torrent. Encore une résurgence, encore un affluent mystérieux de la Bourne !

De retour sur la rive droite, après un parcours qui serait enchanteur si l'on ne sortait de pareilles merveilles, on atteint le gracieux hameau de la Balme de Rencurel, où deux petits hôtels, bonnes et cordiales auberges de montagnes, se disputent les préférences des voyageurs. Là, s'ouvre vers le Nord, en pente accentuée, le vallon cultivé de Rencurel, d'où découle la Doulouche, et la route du Col de Romeyer et des Ecouges s'embranche sur la voie principale, comme au Sud un chemin montueux va rejoindre la route du Vercors. On est déjà descendu à l'altitude approximative de 600 m., de beaux noyers ombragent les maisons, et c'est une oasis calme et reposante au milieu des magnificences de pierres qui la précèdent et qui la suivent.

A peine le hameau dépassé, la Bourne et la route, sa fidèle compagne, se trouvent aux prises avec la troisième chaîne du Vercors. Ses puissantes assises entre les plateaux de Presles au Nord et les rochers de l'Allier au Sud, ont été creusées, égueulées par l'action des eaux, et une seconde gorge de la Bourne non moins grandiose, non moins boisée s'ouvre dans ses flancs. Par de terribles rapides, le torrent s'abaisse très promptement, et s'enfonce dans des profondeurs où l'œil a peine à le retrouver de ci de là au travers du manteau de végétation dont se tapisse le gouffre. Plus sage la route, infléchie maintenant au Sud-Ouest, trace sur la rive droite une pente régulière de 6 centim. par mètre, et après avoir d'un redan avancé jeté un coup d'œil en face sur la puissante source du Bournillon et son cirque imposant, elle sort, au Sellier, des gorges et des bois pour atteindre dans une jolie plaine à 260 m. environ d'altitude le village de Choranche.

Le bassin de la Bourne est ici une belle vallée de peu d'étendue, mais à la végétation luxuriante, et encadrée, couronnée pour ainsi dire, par les escarpements compacts de Presles et de l'Allier. Le site en est vraiment enchanteur, et si le village même de Choranche n'offre pas de grandes ressources au visiteur, celui-ci peut trouver deux kilomètres plus bas un établissement de bains à son enfance (source chlorurée sodique et sulfureuse des Chartreux), et un Grand Hôtel moderne qui lui offrent tout le confort désirable pour un séjour prolongé.

Au bas de la petite plaine, on repasse sur la rive gauche pour affronter un nouvel étranglement de courte durée et de minime envergure, et toujours associées la route et la Bourne atteignent le Pont-en-Royans, où elles sortent de notre massif.

D'allure extrêmement pittoresque, le bourg du Pont-en-Royans qui s'est agrandi et transformé à plusieurs reprises a eu le bon esprit de conserver à ses anciens quartiers leur prestigieux aspect. Pour apprécier les raisons de sa fondation et de son importance, il faut se reporter à ces anciens temps où les cours d'eau apportaient un obstacle presque infranchissable aux échanges et aux communications. La Bourne s'insinue ici entre deux rochers surplombants qui à la hauteur d'une sorte de terrasse laissent entre eux un intervalle de moins de cinq mètres. Les populations réunirent leurs efforts pour jeter sur cette ouverture un pont solide par lequel se

Grand Hôtel
des Bains.

firent bientôt toutes les relations des deux rives de la Bourne, par lequel surtout les montagnards du Vercors dégringolants de leurs périlleux sentiers de l'Allier pouvaient arriver à la plaine et en tirer leur subsistance.

Un péage y fut naturellement établi, des habitations se groupèrent de chaque côté du pont, et formèrent une agglomération importante. Mais la terrasse de la rive droite était si exigüe que les maisons durent d'un côté s'accoler aux anfractuosités de la roche, de l'autre s'établir en partie dans le vide suspendues au-dessus du torrent. Ruiné par les guerres de religion, ce n'est que vers le milieu du XVIIᵉ siècle qu'il put commencer à se relever de ses ruines. De nombreuses manufactures de drap s'y créèrent, et le bourg rajeuni sortit de ses anciennes murailles et s'étala sur la rive droite de la Bourne. L'amélioration des voies de communication lui fut des plus favorables, et si dans le grand mouvement industriel du XIXᵉ siècle ses petites manufactures ont sombré, le commerce lui a rendu un essor et une prospérité qui en ont fait un séjour des plus agréables. Dans la saison moyenne, de nombreux étrangers viennent s'y fixer pour respirer le grand air et savourer les déli-

Arrivée au Pont-en-Royans.

Pont-en-Royans.

cieuses truites de la Bourne, de belles villas l'entourent, et la pers-
pective de lac artificiel que lui a créée le barrage du Canal de la
Bourne achève de lui donner un aspect des plus engageants.

A l'aval du pont, depuis restauré et élargi, et dit le Pont Picard,
de l'ancien nom, paraît-il, du gouffre qu'il domine de 5o m., la
Bourne reçoit sur sa rive gauche son principal affluent, la Vernaison, évadée du Vercors proprement dit. Son cours se déroule ensuite
paisible à travers les plantureuses campagnes du Royans, qui la
grossissent encore de la Lionne, puis après avoir arrosé Saint-
Nazaire dont nous aurons à reparler, elle atteint l'Isère à l'amont du
Pont de Saint-Hilaire, dans un décor de rochers rouges de l'effet le
plus saisissant.

Par un curieux résultat de leurs
densités et de leurs températures dif-
férentes, les eaux des deux rivières
ne se mélangent point rapidement,
et jusqu'à plus de trois cents mètres
de leur confluent on distingue aisément les eaux fraîches et pures de
la Bourne coulant à côté des flots
de la limoneuse Isère.

Hôtel Bonnard.

VII

Le Vercors proprement dit. — St-Julien et St-Martin. — La Chapelle et Saint-Agnan. — Le Col du Rousset. — Vassieux. — Les Baraques et les Grands Goulets.

Le bassin supérieur de la Vernaison constitue le Vercors proprement dit, l'ancien et inaccessible refuge des Vertacomicori.

Le sommet des grands rochers abrupts qui dominent la profonde vallée du Diois atteint à l'Ouest au But Saint Genis l'altitude de 1646 m., au centre au But de l'Aiglette celle de 1505 m., et se raccorde à l'Est aux masses du Glandas et du Grand Veymont par le But Sapiau à 1620 m. C'est des plateaux en pente douce qui s'inclinent au Nord de ces formidables remparts que découlent les filets d'eau qui commencent à former près du village du Rousset le modeste ruisseau de la Vernaison. Le renflement du But Sapiau sépare dès l'origine deux petites combes : l'une pastorale et boisée à l'Ouest, descendant directement du Col du Rousset, l'autre plus rocailleuse née au Pas des Econdus, et prolongée entre la Montagne de Beurre et la Montagne de la Varême : c'est le ravin de Saint-Alexis, ainsi nommé de la vieille chapelle, but fréquenté de pélerinages qui se dresse à sa base, tout près des ruines d'une ancienne forteresse. Le Col du Rousset est coté à 1500 m., le Pas des Econdus à 1700 m. et ces combes s'abaissent assez rapidement pour que leur jonction s'opère à 916 mètres. Le village du Rousset *(parocchia Sancti Alexii de Rivosico)* qui, descendu de son ancienne situation féodale y rassemble ses rares maisons, occupe un site dont l'attrait verdoyant se modèle sur le genre dit Paysage Suisse. De grasses prairies, des cultures, quelques bordures de frènes et de hêtres, entourées de trois côtés par l'austère encadrement des sapins, laissent s'ouvrir vers le Nord un long corridor où le ruisseau prend paisiblement son cours. Sans ressaut, sans rapides, ni cascades, il arrose et fertilise le gracieux vallon qui s'allonge entre deux rangées de collines boisées,

Place de Tourtres.

Fête à St-Martin-en-Vercors.

Entrée des Grand-Goules

Tunnel des Grand-Goules

dont les unes à l'Ouest soutiennent le plateau de Vassieux tandis que celles de l'Est servent de piédestal à la grande forêt du Vercors et à la chaîne du Veymont. Une bonne route qui monte de Die par Chamaloc a percé sous les rochers à l'Ouest du col un tunnel de 600 mètres, à l'orifice méridional duquel se dresse une maison cantonnière, aménagée en petit hôtel. De la terrasse du Refuge du Col du Rousset on jouit d'une vue merveilleuse sur les rochers de Chironne et sur tout la vallée de la Drôme. Au Nord, la route par quelques grands lacets descend rapidement jusqu'au village du Rousset. De ci de là des hameaux se groupent, les Peyrals, au départ de la route forestière qui monte à Pré-Grandu, les Chaberts, les Faures, la Britière avec un coteau bizarre, le Rochas où se prend la route de Pré-Rateau, et insensiblement le ruisseau s'abaisse, si bien qu'il n'est déjà plus qu'à 760 m. quand il contourne le coteau sur lequel est bâti St-Agnan.

Ici les collines de l'Ouest sont bien amoindries, et en face de St-Agnan elles baillent par une large dépression où passe la route de la Chapelle-en-Vercors à Die. Abondamment ensoleillé, le village de St-Agnan, commerçant en bois et en bestiaux, possède une vieille église relevée sur perron qui commande tous les environs, mais ses maisons se ressentent de l'ancienne rusticité du Vercors et il est plus gracieux à voir de loin que de près.

En aval de St-Agnan, le vallon un peu rétréci se prolonge encore vers le Nord avec les hameaux des Chabottes, des Bérauds, du Moulin, de la Chabertière, point de départ pour les prairies et les puits d'Arbounouse ou de Dorbonouse. Dans une sorte de bas-fond, resserré et humide, la Vernaison fait un angle droit à gauche, et reçoit le ruisseau de Saint-Martin, grossi de l'Adoin.

Le vallon qui s'est prononcé depuis le Rousset, continue dans la direction du Nord, mais il remonte maintenant et forme la contre-pente de ce berceau.

Au pied d'un contrefort projeté du signal de Valchevrière (1607 m.) et du Sapin du Vercors, près de la Balme de Rencurel, une sorte de col à l'alt. de 924 m. fait communiquer le bassin de la

Refuge
du Col du Rousset.

Bourne et celui de la Vernaison. Là s'élevait jadis une des trois forte-
resses qui défendaient le Vercors. Le hameau de la Martelière s'y
étale non loin d'une veille bâtisse appelée le Château Guillon, et c'est
par là que monte du Pont de Goule-Noire la grande route du Villard
de Lans. Dans les escarpements qui se prolongent au S. du signal
de Valchevrière, et qui supportent les gracieuses prairies d'Herbouilly
(Arbouilly), une aiguille de rochers détachée de la masse figure sous
un certain éclairage une de ces madones gothiques qui ornent les
piliers des cathédrales : on la nomme la Vierge du Vercors. Elle
domine le village de St-Julien-en-Vercors dont la vieille église flanque
son porche d'une colossale stalagmite rapportée d'une des grottes
voisines. Puis un peu plus bas vers le Sud, apparaissent les maisons
de St-Martin-en-Vercors. C'est là la seconde capitale du pays, et sa
belle exposition en plein midi, la fertilité de ses terres, sa situation
sur la grande route desservie par de nombreux courriers attirent à
Saint-Martin une clientèle assidue d'estivants. Le commerce des bois
a contribué à enrichir ses habitants, et outre les maisons du village
bien alignées et bien bâties, on remarque tout alentour un certain

St-Agnan-en-Vercors.

nombre de villas confortables avec jardins et terrasses qui lui donnent un grand air d'aisance.

A l'Est et auprès du village un petit ruisseau, le Buech, se forme des écoulements du plateau; il descend au Sud à la rencontre de la Vernaison, mais avant de l'atteindre, il reçoit sur sa rive gauche l'important tribut de l'Adoin, à moins qu'il ne soit plus juste de dire qu'il se jette dans l'Adoin.

Un peu au Sud de Saint-Martin, les escarpements orientaux de ce vallon se sont ouverts en un vaste cirque qui échancre la masse et pénêtre jusqu'aux plateaux de la Loubière, au pied du Pas de l'Ane et aux abords de Corençon. Ce cirque donne naissance à un court vallon secondaire, perpendiculaire à la vallée principale, et où se trouve le vieux village de Tourtres.

Forêt de
la Loubière.

Dans sa situation abritée, un peu à l'écart de ce vallon déjà si reculé, Tourtres fut un des premiers centres d'habitation du Vercors. Aujourd'hui les hameaux se disséminent tout à l'entour du noyau primitif, les uns, dits les Moraux, la Fruitière, viennent jusqu'à la route de St-Martin, les autres, les Jaunes, escaladent le fond du cirque. Là, au bas d'un ancien talus d'éboulement, une résurgence abondante se fait jour et donne naissance à un cours d'eau important dès l'origine : c'est la source de l'Adoin. Evidemment des veines sous-rocheuses amènent en ce point les infiltrations du vallon supérieur d'Herbouilly et celles du plateau de la Loubière, car de toute cette vaste surface d'absorption il ne découle aucun ruisseau apparent. A moins d'un kilomètre de sa source, l'Adoin burine déjà auprès de Tourtres de petites gorges accidentées.

Au Bec, les trois ruisseaux sont réunis, et la Vernaison, sérieusement grossie, prend sa course à l'Ouest dans une combe aux pittoresques sinuosités. Au travers d'un petit éperon, elle se creuse un semblant de défilé par lequel elle débouche dans le vallon plat et élargi des Baraques, qui offre tous les caractères d'un ancien lac. Ici son allure paisible, ses eaux cristallines ne laisseraient guère supposer l'impétueux torrent qui va dans un instant se précipiter par les cascades des Goulets.

C'est là, à l'entrée du fameux défilé, que se trouve la principale station d'estivage, le centre, si l'on peut employer ce mot, de la villégiature dans le Vercors (637 m.).

A la place des anciens baraquements des ouvriers, adossé au Nord à la colline qui va se rattacher aux Rochers de l'Allier, l'Hôtel du Midi, tenu par la famille Combet, justifie son nom en étalant au soleil sa longue façade. En face, prolongeant ses communs jusqu'au lit du torrent se dresse l'Hôtel Grenoblois, et à angle droit sur la route de la Chapelle, l'Hôtel Raoul s'appuie au rocher même des Goulets. Pendant les trois mois de la belle saison, en dépit de leurs annexes et prolongements, les hôtels des Baraques regorgent de pensionnaires, et la plupart du temps le touriste de passage est obligé d'aller chercher un gîte à St-Martin ou à la Chapelle. Le va-et-vient incessant des courriers, des cars alpins, des automobiles, des trains de bois et des charrettes du pays donne à cette croisée des routes une animation sans pareille, et fournit aux estivants un sujet de distraction sans cesse renouvelé. Des panoramas merveilleux attendent les visiteurs de la Grande Cournouze (1195 m.) et des Rochers d'Echevis (1168 m.). Dans toutes les directions des promenades de longueurs variées se déroulent autour de ce lieu favorisé ; et durant les heures brûlantes du jour ses hôtes trouvent une fraîcheur délicieuse dans le premier corridor des Goulets.

Aux cotés de ce long et étroit bassin où les eaux de la Vernaison coulent à ciel ouvert, s'en trouvent deux autres à des niveaux différents, secs à la surface, partant moins verdoyants, mais piquant la curiosité par leur circulation mystérieuse, par leur hydrologie souterraine et ses manifestations encore incomplètement explorées.

Le bassin de l'Est, soutenu par la chaîne des Rangs, est cette vaste bande mi-boisée, mi-pierreuse, en laquelle vient se perdre le vallon de Corençon, et qui s'étend à la base occidentale de la chaîne du Veymont depuis les abords de la Moucherolle jusqu'à ceux du Glandas. Nous avons déjà dit qu'il portait sur la carte le nom presque ironique de *Forêt Domaniale du Vercors*, laquelle s'étend sur une superficie de 3517 hectares. Il n'est habité que par les maisons forestières de Béguerre, de Pré-Grandu, de la Coche et de Pré-Rateau, avec leurs succursales temporaires les baraques de Tiolache, de Brutinel, et des Bachassons. En certains points de ce désert aride, une poche de sous-sol moins poreuse ou moins attaquée, retient un instant les eaux, et ces fontaines, si précieuses aux gardes et aux bien rares touristes qui s'aventurent dans ces solitudes, sont soigneusement repérées et nommées.

On y trouve la Fontaine de l'Ours, nom suggestif, sur le chemin du Pas de la Ville, celle du Corbeau, celle de Pichet, celle de Tiolache, etc. Quelques ondulations s'y présentent, avec des noms témoignant d'anciennes observations, le Serre du Loup, la

Herbouilly-d'en-Haut.

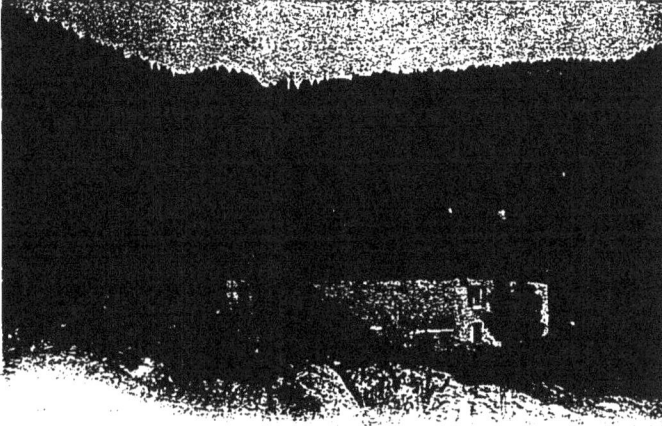

Tête de la Graille (corneille),
la montagne de la Fourmilière, celle du Grand Larve, etc.

Vers la partie septentrionale de cette région, on rencontre une dépression, sorte de cuvette de trois kil. environ de longueur sur un de largeur (*Etienne Mellier, Le Vercors*), qui porte le nom de Prairie d'Arbounouse, jadis de Durbonouse. Son altitude inférieure (1250 mètres environ) la rapproche sans doute des veines de circulation souterraine, car on a pu y pratiquer un puits de sept mètres de profondeur qui ne tarit pour ainsi dire jamais, et permet d'y hospitaliser des troupeaux.

C'est au prolongement de ce même bassin qu'appartient encore, entre Corençon et Tourtres, la belle prairie d'Herbouilly ou d'Arbouilly, également arrosée, encore plus vaste et plus fertile, où deux fermes, Herbouilly-le-Haut et Herbouilly-le-Bas, sont exploitées de temps immémorial par la famille Roche.

Le Villard-de-Lans.

Ruine des Tours de Vassieux.

La Fontaine aux Ours à la Chapelle-en-Vercors.

Vassieux.

Le bassin occidental est celui de Vassieux.
Ici c'est en quelque sorte la citadelle intime du
Vercors. Bien peu de montagnes peuvent offrir
un semblable aspect. Plateau n'en rend pas l'allure, et le plat, le
plat ou l'assiette de ños tables, en donnerait plutôt l'impression.

Vaste espace à fond nivelé, aux bords tout autour relevés, genre
des cratères de la Lune, le territoire de Vassieux occupe une longueur de 16 kilomètres sur une largeur à peu près régulière de six
mille mètres. Il projette au Sud vers le Diois les grands rochers du
But St-Genis et du But de l'Aiglette ; il domine à l'Ouest les préci-

pices du Quint par
le Pas Bouilla-
nent ; plus au
Nord il se ratta-
che à l'analogue
mais supérieur pla-
teau de Lente par
la Crête de la Gagère
et le Serre de Plume,
tandis qu'à l'Est la Montagne de

Nève et ses prolongements, percés de nombreux cols, le relient au vallon de la Vernaison.

Dans la partie méridionale, de beaux pâturages se relèvent insensiblement jusqu'à la ligne des crêtes coupées par les cols de Vassieux et de la Chaux qui descendent sur Marignac en Diois.

Quant au fond du plateau, bien que fertilisé par les dépôts d'un ancien lac qui dut survivre longtemps à la période glaciaire, il ne peut être entièrement occupé par la culture. Il présente en effet par places des espaces dénudés et rocheux, petits déserts en miniature, qui émaillent de taches blanchâtres la verdure des champs. Au milieu, au plus bas, vers 1043 m. d'alt., les maisons du village se groupent dans un ordre dispersé autour d'une église sans caractère. On ne voit peut-être nulle part d'agglomération aussi rebelle aux conventions de l'alignement : pas de rues, mais des lacunes irrégulières permettant de circuler entre les maisons ; même dans l'espèce de prolongement de la route qui dessert ce village, on ne trouverait pas deux façades ayant la même direction. Les constructions sont larges, robustes, mais terriblement rustiques. On sent à les voir que l'habitant de Vassieux, enrichi par le commerce des bestiaux, a conservé quelque atavisme de l'ancien isolement du Vercors et ne sacrifie guère au confortable moderne. La nature est à l'unisson, et malgré les bois maigres qui revêtent le haut des collines de son pourtour, il faut bien convenir que le site de Vassieux est assez triste.

Privée de tout cours d'eau, et par conséquent de forces motrices, la communauté de Vassieux, avec ses hameaux des Jossaulx, du Château et de la Mure, avait mis à profit les vents qui s'y déchaînent fréquemment, et sur le col, à 1080 m. environ, près de la Mure, on voit encore les ruines de deux larges tours qui furent des moulins à vent.

Tout autre est le charmant vallon qui au delà du col, barrière septentrionale du cratère de Vassieux, renferme le bourg de la Chapelle-en-Vercors. Il est bien compris dans le prolongement du même bassin, mais sa nature est toute différente : c'est la fertilité à côté du désert. Nous n'y trouvons pas encore, non plus que dans la

Grand Tunnel des Goulets.

Les derniers Tunnels.

St-Nazaire-en-Royans.

Ruines du Château de Rochechinard.

terrasse occidentale où sont les villages des Ronins et de l'Oscence, l'eau courant à ciel ouvert, mais les infiltrations y sont pour ainsi dire à fleur de sol et de toutes parts ce ne sont que verdures et bosquets.

Au travers des mamelons boisés qui forment le barrage, la route partie de Vassieux descend rapidement après le col par deux grands lacets, elle plonge à 860 m. au fond du val, puis elle se relève pour gravir le coteau sur le flanc méridional duquel l'agglomération de la Chapelle s'étale en espalier.

Le chef-lieu du Vercors est un bourg fort ancien sur lequel les renseignements sont rares. On sait que les peuples heureux n'ont pas d'histoire. Pour le moment, son admirable situation vaut à la Chapelle d'être le second centre d'estivage du Vercors. Dans plusieurs hôtels propres et bien tenus, dont le plus connu est l'hôtel Bellier, les touristes passagers ou sédentaires, curieux du grand air et des beaux sites, viennent s'installer, et la Chapelle, Saint-Agnan, Saint-Martin et les Baraques, à quatre ou cinq kilomètres les uns des autres, forment un quadrilatère inexpugnable pour les maladies et les soucis de la vie ordinaire. Des excursions variées, dont la plus fréquentée est celle de la forêt de Lente, permettent d'en rayonner en tous sens, et l'extraordinaire développement du réseau des routes forestières en facilitant l'accès aux voitures légères du pays, en dispense l'agrément à toutes les forces et à tous les âges.

Au centre d'une région où l'habitat des ours fut proverbial, la Chapelle en conserve, comme Berne, des spécimens ; seulement ceux-ci sont en bronze et font l'ornement de la principale fontaine sur l'esplanade, champ de foire, ancien forum qui s'étend au midi de l'hôtel Bellier. L'église, de construction récente, n'offre d'intéressant qu'un clocher du XVIIe siècle, à la flèche octogonale entourée de quatre clochetons. Mais on ne va pas à la Chapelle-en-Vercors pour y faire des études d'antiquités.

Une bonne route en pente douce, parcourue chaque jour par le courrier du Pont-en-Royans, rattache en six kilomètres la Chapelle aux Baraques et vient devant l'hôtel Raoul rejoindre la grande voie des cars, celle qui vient de Saint-Martin et du Villard de Lans.

C'est ici que le cours d'eau jadis, que les efforts des hommes ensuite se heurtaient à la rude barrière de la roche qui de l'Allier aux crêtes d'Echevis séparait le Vercors du reste du monde. Avec l'aide des siècles, les eaux avaient tracé un trait de scie, un *goulet*, dans le barrage par dessus lequel elles avaient commencé à se

Route en encorbellement.

déverser dans le vallon d'Echevis par une gigantesque cascade. On a vu, dans l'introduction historique, comment l'industrie humaine vint à bout en 1852 de s'y ouvrir un passage.

A partir de la plaque commémorative qui en consacre le souvenir, la route, sur la rive gauche de la Vernaison, s'enfonce entre deux parois de rochers où une luxuriante végétation fait régner au plus fort de l'été l'obscurité et la fraîcheur. Deux petits tunnels dans des éperons rocheux se succèdent coup sur coup, puis

Les premiers tunnels.

après un encorbellement très prononcé et un troisième tunnel, la
route est soutenue par des voûtes
au-dessus de la Vernaison. Ces
voûtes se continuent par un pont
qui fait passer la chaussée sur la
rive droite : c'est le moment où
le torrent, paisible et presque de
niveau jusque-là, commence à
glisser en grondant le long de la
déclivité qui va le précipiter aux
cascades. La route n'est dès lors
qu'une suite ininterrompue d'encorbellements, de balcons et de
tunnels. Les parois de la gorge

Gorge des Petits Goulets.

vont en s'écartant, et de chaque
sinuosité saillante, de chaque
redan l'œil perçoit un spectacle
fantastique. Quand le soleil
inonde le défilé, l'alternance des
jeux d'ombre et de lumière occa-
sionnés par la suite des galeries
est vraiment féerique. Un robuste parapet préserve des écarts
du côté du vide, et comme la
gorge s'élargit à mesure
qu'elle s'approfondit on

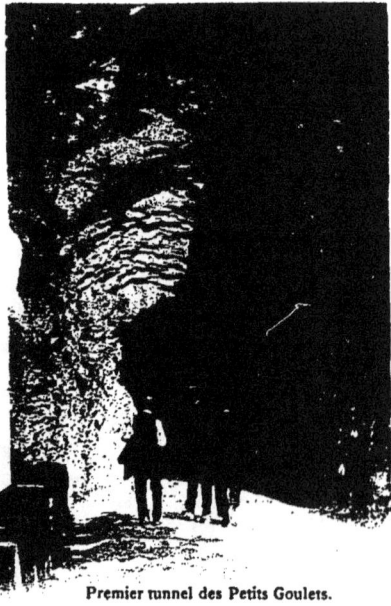

Premier tunnel des Petits Goulets.

peut bientôt voir dans son ensemble la succession de rapides, de cascatelles et de cascades qui constituent un dénivellement de plus de 200 mètres et qu'on appelle la Cascade des Grands Goulets. Un nouveau redan permet de saisir à la fois la hauteur de la grande muraille sur laquelle la route, œuvre de l'homme, ressemble à un fil de soie, et le charme du verdoyant berceau de la vallée d'Echevis dans laquelle on va descendre. Encore un repli de terrain, encore quelques tunnels, dont celui de la Roche fendue, moins saisissants, mais qui rappellent pourtant ceux si vantés de l'Axenstrasse, puis la route en pente continue décrit deux grands lacets sur les flancs de l'Allier pour parvenir au fond de cette sorte d'entonnoir que l'on appelle la vallée d'Echevis.

On revient, vers l'altitude de 350 mètres, sur la rive gauche de la Vernaison, pour trouver bientôt un nouveau barrage, la limite extérieure de l'effondrement qui a créé ce berceau. Le défilé des eaux se nommait en ce point les Petits Goulets, et moins grandiose que le défilé supérieur, il n'en fournit pas moins un passage des plus pittoresques. Cinq tunnels qui se suivent sur 600 mètres environ de développement permettent de franchir ce mauvais pas, et l'on débouche dans les belles campagnes du Royannais au petit village de Sainte-Eulalie-en-Royans.

Cette agglomération, à 295 m. d'altitude, s'est formée au point de rencontre de la route du Vercors avec celle du Royannais. Inclinant à gauche, au Sud, on atteint St-Jean-en-Royans ; par la droite, on descend rapidement au Pont, à l'approche duquel on repasse la Vernaison non loin de son issue dans la Bourne. Le trajet des Baraques au Pont-en-Royans mesure environ 14 kilomètres dont trois sont tout entiers établis en travaux d'art. La renommée de la route des Grands-Goulets est devenue européenne, et le Vercors lui a dû, non seulement son premier accès, mais l'origine de sa vogue entretenue par ses beautés naturelles.

VIII

Le Royannais. — Pont-en-Royans, Saint-Jean et Saint-Nazaire. — Les châteaux de Beauvoir et de Rochechinard. — La Chartreuse de Bouvantes.

Après les Quatre-Montagnes, après le Vercors proprement dit, le Royannais occupe la troisième partie de notre massif. On sait que ce nom s'applique à la région basse, vallées plantureuses, ondulations et collines verdoyantes, qui s'étend au pied des escarpements du Vercors, et forme une ceinture intermédiaire entre la montagne et les plaines du Romanais et du Valentinois.

Au point de vue hydrographique, le Royannais, dont le vocable se contracte en Royans quand il sert de suffixe à un nom de lieux, occupe le bassin des Lionne et la partie inférieure du bassin de la Bourne. Mais sa circonscription paraît avoir eu dans les temps divers des limites fort variables, se pliant aux acquisitions de fiefs que pouvait faire à l'époque féodale la maison de Royans. C'est ainsi que Nicolas Chorier, d'après l'*Album du Dauphiné,* nous apprend que « la principauté du Royannais touchait vers le Nord-Est à la baronnie « de Sassenage par les montagnes de Lans ; elle s'élevait du côté du « Sud jusqu'aux montagnes d'Ambel et de Toulot. Du côté de l'Est, « elle s'étendait dans les vallées profondes du Vercors, et jusque « sur le versant des montagnes du Trièves, où elle comprenait les « seigneuries de Torane, Darne, Prébois, Tréminis, etc. Elle « renfermait tout l'espace compris entre l'Isère et les montagnes du « Royannais proprement dit, depuis St-Quentin jusqu'à St-Nazaire « et Bouvantes. Izeron et Barbières qui sont à l'extrémité de la « même ligne de collines du côté de Chabeuil, firent également « partie de cette souveraineté vaste et indépendante. » Au point de vue judiciaire, le Royannais était compris dans le bailliage de Saint-Marcellin, et au point de vue ecclésiastique, il faisait partie de l'archiprêtré d'Au-delà-du-Drac, évêché de Grenoble.

En 1617, le marquisat de Pont-en-Royans comprenait Pont-en-

Royans, St-Laurent, Ste-Eulalie, St-Hilaire, Choranche, Echevis, Laval, St-Mémoire et Rencurel. Sa répartition entre les départements de la Drôme et de l'Isère, séparés par le cours de la Bourne, fait que le Royannais a maintenant deux capitales, le Pont et Saint-Jean.

La porte d'entrée habituelle de cette région est St-Nazaire, jolie bourgade située sur la Bourne, à peu de distance du pont et de la station de Saint-Hilaire, où débarquent le plus grand nombre de ses visiteurs. Saint-Nazaire est remarquable par l'énorme aqueduc du canal de la Bourne qui le balafre, par des restes d'anciens remparts, par les ruines d'un vieux château qui le domine, et par sa grotte du Tai aux détours enchevêtrés. Quelques rochers rouges qui éventrent çà et là la verdure environnante lui donnent un aspect étrange, et le petit tramway de la Drôme y a créé une station.

Boiseries du chœur
de l'Église de
St-Jean-en-Royans.

Deux routes en partent, toutes deux généralement dans un état déplorable, l'une remontant la rive droite de la Bourne pour gagner le Pont-en-Royans, l'autre se dirigeant sur Saint-Jean-en-Royans, itinéraire également suivi par le petit tramway.

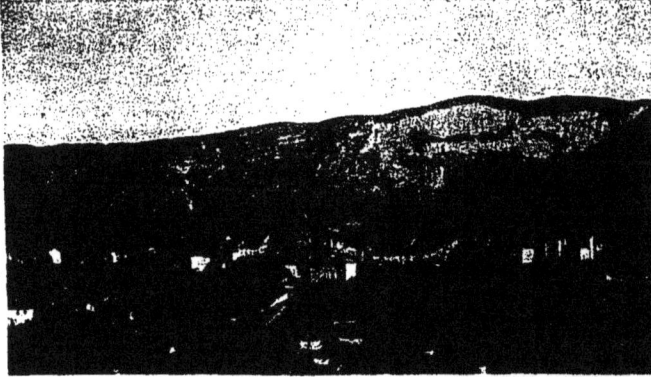

St-Jean-en-Royans.

Il n'y a rien de plus à signaler pour le Pont, sinon que c'est à peu de distance en aval que commence le grand canal de la Bourne, œuvre considérable terminée en 1882, qui se développe sur une longueur de plus de 50 kilomètres et arrose des bienfaisantes eaux du Vercors toute la plaine de Romans et de Valence.

Saint-Jean est la capitale drômoise du Royannais. C'est une grande bourgade de près de 3000 habitants, commerçante et prospère, dont les maisons et les places affectent des allures de petite ville. Tout près de la rive droite de la Lionne, elle se développe dans un repli de terrain un peu au-dessous du plateau environnant, de telle sorte que lorsqu'on l'accède en descendant de la montagne on n'en distingue que le haut du clocher. Dans une église fort ordinaire, St-Jean possède une merveille : ce

Place de St-Jean-en-Royans.

sont les stalles en bois sculpté dérobées à la Chartreuse de Bouvantes. Un grand nombre de ses maisons présentent aussi des
rinceaux, des sculptures, des clefs de voûte, procédant de la même
origine. Un Hôtel de Ville tout flambant neuf, un hôpital, une
fontaine ombragée des rejetons d'un arbre de la liberté, complètent
les monuments de Saint-Jean, qu'entoure comme une gracieuse
auréole toute une série de jolies villas et de beaux jardins. C'est le
centre du tourisme dans les coteaux du Royannais et vers les
merveilles de la forêt de Lente. Aussi y compte-t-on de bons hôtels,
de nombreux cafés et des loueurs de voitures.

La Lionne, qui en baigne le pied, vient de réunir ses deux
branches non loin de là auprès de Saint-Martin-le-Colonel.

Ces deux branches sont la Lionne de Bouvantes et la Lionne de
Léoncel. Cette dernière prend naissance dans un des contreforts
ultimes du massif, auprès de l'antique abbaye de Léoncel, et descend
jusqu'au confluent par une longue gorge boisée sans caractère.
Toute autre est la carrière de sa sœur.

La véritable source de la Lionne de Bouvantes se trouve au plateau d'Ambel, où elle se forme des écoulements latéraux du Roc
dentelé de Touleau (1585 m.), de la Tête de la Dame et de la Montagne d'Ambel. Naguère encore le cours d'eau, bien que rapidement
diminué par l'absorption des *pots,* entonnoirs terreux qui s'ouvrent
dans la prairie, parvenait à l'escarpement qui domine le vallon de
Bouvantes et y décrivait une belle cascade, poétiquement dénommée
le Saut de la Truite. Maintenant ce n'est qu'à la fonte des neiges ou
après de fortes pluies que se dessine encore la parabole : l'écoulement ordinaire est absorbé au passage et n'arrive point à l'extrémité
du plateau supérieur (1200 m. env.).

Du moins au haut du vallon de Bouvantes (700 m.), des sources
nombreuses et abondantes donnent passage aux eaux souterraines
et en amont de Bouvantes-le-Haut, la Lionne accuse déjà un volume
respectable. Singulière situation que celle de ce vallon, de cet entonnoir creusé comme tous ses voisins et congénères par quelque
vaste effondrement, résultat du travail intérieur des eaux ! La Lionne

qui l'arrose s'est forée pour en sortir un chenal si étroit que l'homme ne peut la suivre, et que du village situé à 580 mètres d'altitude, la route est obligée de remonter au Col de la Croix et d'y franchir à la côte de 724 mètres un contrefort qui la sépare des coteaux de Saint-Jean. Ce vieux village si reculé présente encore quelques anciennes maisons à la façade fruste et grossièrement dessinée dans l'art de la Renaissance ; il possède, dans son antique église romane, un délicieux rétable en bois sculpté, peint et doré, épave, lui aussi, de la Chartreuse de Bouvantes. Mais il supporte mal le poids de son isolement, et sa population diminue de jour en jour.

On peut partir indifféremment de St-Nazaire ou de Saint-Jean-en-Royans pour visiter les ruines de Rochechinard. Ce magnifique château, qui appartenait à l'une des branches de la puissante maison des Alleman, se dressait sur une plateforme rocheuse accolée au flanc oriental des collines d'Hostun. Sa position était si naturellement forte qu'aujourd'hui que les passages artificiellement créés sont écroulés, certaines parties des ruines sont inaccessibles. On sait que c'est dans ce donjon que fut enfermé pendant plusieurs mois l'infortuné prince Djem, plus connu sous le nom de Zizim, le frère du sultan Bajazet, mais il n'offre plus aux visiteurs que la poésie de ses ruines et l'admirable panorama qu'on en découvre.

Dans la partie septentrionale du Royannais, le voyageur qui passe sur la route de St-Romans voit bientôt se dresser devant lui un reste de tour à la fière allure. C'est l'un des vestiges du château de Beauvoir, la résidence préférée des derniers Dauphins. Une légende, démentie comme beaucoup d'autres par la sévère histoire, prétend que de la fenêtre encore visible de cette tour la nourrice imprudente laissa tomber l'unique rejeton d'Humbert II, et que la douleur qu'il en éprouva amena le prince à céder ses Etats à la France. Si la catastrophe n'est point réelle, il n'en est pas moins intéressant de parcourir les immenses vestiges de ce château qui était bien de dimensions à hospitaliser la cour et la garde d'un petit souverain.

C'est encore de Saint-Jean-en-Royans que se fait la mélancolique visite des ruines de la Chartreuse de Bouvantes.

A quatre kilomètres au Sud de ce bourg un effondrement, semblable à celui du vallon d'Echevis, mais de proportions un peu moindres, avait entamé la haute falaise et créé une sorte de golfe, un cul-de-sac latéral séparé du vallon principal par un reste de barrière rocheuse où les eaux seules du Chaillar avaient pu s'ouvrir un passage. Cette retraite ignorée parut propice aux solitaires de la Grande-Chartreuse qui vinrent en 1144, avec une donation du Dauphin, y établir un de leurs monastères sous le vocable de Chartreuse du Val de Sainte-Marie.

Suivant la règle alors partout appliquée, le couvent se composa de deux groupes de constructions, le bâtiment des Pères, ou la Char-

Chapelle de la Courrerie de Bouvantes.

treuse proprement dite, à l'intérieur du val, et le bâtiment des Frères
ou la Courrerie, en dehors de la porte naturelle, et comme faisant
sentinelle sur le vallon de Bouvantes.

Ravagée pendant les guerres de religion, la Chartreuse du Val
de Sainte-Marie sombra comme les autres dans la tourmente révolu-
tionnaire. En 1791, le domaine confisqué fut vendu comme bien
national. Les bâtiments de la Courrerie furent convertis en ferme, et
leur construction robuste, leurs murailles épaisses les ayant préservés
de la destruction, on les voit encore sur la route qui tend de St-Jean-
en-Royans à Bouvantes ; la Chapelle est devenue une grange.

Mais la Chartreuse elle-même fut démolie et ses matériaux dis-
persés : les paroisses voisines en revendiquèrent les débris et nous
avons vu que le rétable de l'autel était allé à Bouvantes tandis que
les boiseries du chœur étaient adjugées à l'église de St-Jean. Aujour-
d'hui, dans l'ancien Val de Sainte-Marie on ne trouve plus qu'un
seul bâtiment, celui autrefois occupé par les ouvriers et qui sert
d'abri à un cultivateur et à sa famille ; le reste a été nivelé, envahi
par la végétation, un champ remplace le cloître, et c'est à peine si
l'on peut distinguer les fondations de l'abside de la chapelle.

Rien de plus rapidement destructeur que la main des hommes !

IX

La Forêt de Lente. — Le Serre Montuez et la Font d'Urle. — Ambel et le Saut-de-la-Truite. — Léoncel et les Gorges d'Omblèze.

Ignorée pendant bien longtemps des touristes et mêmes des forestiers, la forêt de Lente a été récemment mise en lumière et en valeur par des routes admirables, et les visiteurs s'y empressent au départ des Baraques ou de la Chapelle-en-Vercors.

Analogue au plateau de Vassieux son voisin, mais plus élevé, entièrement revêtu de forêts, et de forme plus irrégulière, le plateau de Lente s'étend entre les alignements de la Crête de la Gagère, du Serre-de-Plume et de la montagne de l'Art, à l'Est, et les escarpements tourmentés de la montagne de l'Echarasson, du Serre-de-Pionnier et de la montagne de Malatrat, dont il domine à l'Ouest les vallées de Saint-Jean et de Bouvantes. Au Nord il plonge sur l'entonnoir du Cholet et s'avance même jusqu'à celui d'Echevis, au Sud il s'arrête aux précipices du Quint sur lesquels il ouvre la Porte d'Urle et le Pas d'Ambel, au Sud-Ouest il projette la Tête de la Dame et le Roc de Touleau au-dessus du vallon d'Omblèze et du bassin de la Gervane et par le Col de la Bataille il se rattache aux plateaux secondaires de Léoncel et du Chaffal, ultimes contreforts de notre massif.

Son point culminant est au Serre-Montuez ou Mont-Thuet (1710 m.), longue échine calcaire qui crève son revêtement de prairies et s'avance vers le Nord séparant en deux bassins la partie méridionale du plateau.

Le bassin principal est celui de l'Ouest. Il commence aux prairies d'Urle qui s'étendent du Serre Montuez au Puy de la Gagère (1653 m.), revêtant d'un moelleux tapis les assises rocheuses qui se fendent à la Porte d'Urle (1503 m.) pour laisser dégringoler vers St-Julien-en-Quint un sentier de moutons. Comme partout ailleurs dans le Vercors ces roches urgoniennes sont désagrégées, pénétrées de fissures et de cavernes, et tout près de la Bergerie qui avoisine la Porte, une an-

Forêt de Lente.

Entrée de la Glacière d'Urle.

Maison Forestière de Lente.

Intérieur de la Grotte du Brudoux.

fractuosité plus profonde que les autres retient toute l'année la neige qu'y font pénétrer les tourmentes de l'hiver : c'est la Glacière d'Urle, déjà signalée en 1805 par Héricart de Thury (1490 m. d'altitude).

Un peu plus bas (1450 m.), une grande ferme régit toute la partie pastorale : les eaux qui descendent du Serre Montuez y forment un petit ruisseau recueilli dans une série de troncs d'arbres évidés pour servir d'abreuvoir aux troupeaux : c'est la Fontaine, ou plus communément, la Font d'Urle. Mais le ruisseau d'Urle s'y esquisse à peine : en moins de cent pas, absorbé par des entonnoirs terreux, il a terminé sa carrière éphémère. Un assez bon chemin, tracé dans les prairies et dans la zône semi-forestière qui leur succède, relie l'exploitation de la Font d'Urle à Vassieux par le Col de Vassieux-Jossaulx.

Au bas des prairies commence l'épaisse et admirable forêt qui recouvre tout le plateau et dont celui-ci doit la conservation à son ancienne inaccessibilité. Nous avons dit qu'il était analogue au plateau de Vassieux et en effet c'est comme lui un vaste cratère aux bords relevés de tous côtés. Les premières routes forestières qui le desservaient étaient obligées de remonter pour en sortir, et l'utilité pratique de la nouvelle route de Combe-Laval, qui est une merveille pittoresque, fut de lui ouvrir une issue sans contre-pente.

Du Col de Vassieux-Jossaulx et de la Font d'Urle une route aussi commence qui dessert par ses nombreux détours la partie supérieure de la forêt. Quand on l'a descendue pendant quelque temps, au milieu d'une végétation luxuriante mélangée de feuillus et de sapins, on voit se prononcer à l'Ouest, à la base du Serre Montuez, une dépression où s'ouvre bientôt un portique grandiose, et l'on arrive à la Grotte du Brudoux : un cours d'eau s'en échappe, on le suit maintenant dans sa course, jusqu'à ce que l'on débouche dans l'immense clairière qui occupe le fond du plateau et qu'on appelle la Prairie de Lente ou Pré-Courrier.

Ancienne propriété de la Chartreuse du Val de Sainte-Marie, la prairie de Lente et les forêts qui l'entourent appartiennent en grande partie à l'Etat ; mais deux autres propriétaires y détiennent le

Prairie de Lente
en hiver.

Pont sur le Brudoux.

Domaine de Lente et la Ferme du Mandement. Ces deux exploitations ont de nombreux bestiaux et de grands bâtiments : ceux du Domaine conservent même une certaine allure monastique, et sont sans doute les restes de ce couvent du Val-Saint-Mémoire, dont les moines emprisonnés par la rigueur d'un hiver implacable moururent, dit-on, de faim. Chez Gédéon Jay, tenancier actuel du Domaine, un nombre toujours croissant de citadins viennent l'été chercher l'air pur et la fraîcheur et habitant dans les cellules restaurées et agrandies des anciens religieux, n'en redoutent pas le sort.

Vers l'extrémité septentrionale de la prairie se dresse une grande maison forestière d'où l'administration de l'Etat rayonne sur tout le périmètre du plateau. Tout auprès s'élève une petite construction, affermée par les alpinistes de Valence, où les gardes sont autorisés à héberger les voyageurs, et ce site délicieux de Lente, si

Touristes devant la maison forestière.

calme et si reposant, aujourd'hui sillonné en tout sens par des voies commodes et pittoresques reçoit de plus en plus nombreuses

Prairies supérieures
d'Ambel.

les visites des touristes. La maison forestière est alimentée en eau vive par une conduite qui prend ses eaux à la Grotte du Brudoux, car le ruisseau lui-même qui s'amoindrit à mesure qu'il s'avance dans la prairie, finit par disparaître complètement avant de l'avoir parcourue tout entière.

C'est ici le carrefour où se croisent toutes les nouvel-les routes : route de Vassieux par le Col de Jossaulx, route de la

Route
de Combe-Laval.

Chapelle par le Pot de l'Ogre, route des Baraques par l'Oscence, route de St-Jean par Combe-Laval, route de St-Jean par l'Echarasson, route de Bouvantes par le Pionnier et même route d'Ambel par le Tubanet. Naguère la forêt de Lente, inextricable et inexploitable, au travers des ondulations incohérentes de laquelle on s'égarait facilement, ne communiquait avec les vallons voisins que par quelques vagues sentiers du côté de Vassieux, et par les cols ardus de la Rochette et de Taille-bourse sur l'entonnoir de la Chartreuse de Bouvantes. Les abbés du

monastère avaient pourtant au XVIIIme siècle fait ouvrir dans le vallon du Cholet un chemin muletier dit du Col de la Machine, et la première route à chars fut celle qui tendait à St-Jean par la côte de l'Echarasson.

Sa véritable mise en valeur date de la route de Combe-Laval que, suivant une inscription scellée au rocher, M. l'inspecteur des forêts de Brives fit ouvrir de 1892 à 1897. L'inspiration consista à mettre à profit une esquisse de corniche qui se prononçait au travers des escarpements du Cholet pour joindre deux portions de routes anciennes, celle des moines par le Col de la Machine et celle de l'Echarasson. Le trajet est d'environ quatre kilomètres, pendant lesquels on est comme suspendu sur le vide ; de temps en temps, la corniche manquait, on l'a délibérément remplacée par un encorbellement ou par une galerie, et on ne compte pas moins de quatorze tunnels durant cette promenade. On rejoint alors l'ancienne route de l'Echarasson et on descend sur Saint-Jean par les grands lacets qu'elle traçait au flanc de la montagne. Pendant une partie de la route nouvelle, on admire au bas du gouffre la magnifique cascade du Cholet qui s'élance de la roche par deux orifices superposés et forme un torrent impétueux, affluent principal de la Lionne.

Analogue dans sa constitution à ce bassin, la partie orientale du plateau prend naissance à la longue arête qui court au-dessus du vallon d'Omblèze entre la Tête de la Dame, prolongement du Serre Montuez, et le Roc de Touleau. Ce sont d'abord de belles prairies, bientôt alternées de bosquets, qui constituent le Domaine d'Ambel. La ferme d'Ambel, à l'altitude approximative de 1250 m., appartient depuis de très longues années à la famille de la Bretonnière et est aussi exploitée de temps immémorial par la famille Barracand. On s'y livre à l'élevage du bétail et aux industries accessoires de la laiterie ; on y pratique aussi la cure des chevaux malades ou fatigués, et c'est chose curieuse, réminiscence de la Camargue, que de voir dans ces pâturages s'ébattre en liberté des centaines de chevaux.

Un petit vallon se dessine auprès de la ferme d'Ambel et la pente naturelle l'amène directement au Nord à se terminer au-dessus du vallon de Bouvantes-le-Haut par les formidables escarpements du Saut-de-la-Truite. Un bon chemin les contourne vers l'Ouest, traverse un petit contrefort de rochers par une percée originale, puis décrit ses lacets au Nord du Roc de Touleau et du Col de la Bataille pour gagner le village de Bouvantes.

Mais à droite de la ferme d'Ambel, s'allonge vers le Nord-Est une large terrasse boisée, interrompue un moment par la clairière et la ferme de Tubanet, semblable à celle d'Ambel ; elle court entre le Serre Montuez et la montagne de Malatrat et vient auprès de la prairie de Lente se confondre avec l'ensemble de la forêt. Au cours de ce développement que suit un assez bon chemin tendant de la ferme d'Ambel à la maison forestière, deux sentiers accidentés, celui de l'Aubasse et celui de Riou-Peysson, s'en détachent pour glisser au travers des escarpements de Malatrat jusqu'au fond de Bouvantes. C'est vers la partie la plus septentrionale de ce bassin que, dans les rochers de Pionnier relevés à l'Ouest, l'administration forestière a creusé le tunnel du Pionnier d'où une bonne route descend rejoindre au col de la Croix la route de Bouvantes.

Pour les mêmes raisons, cette partie de la Forêt de Lente n'est pas moins belle que la première et Ambel avec le Tubanet fournissent aux estivants de Lente des buts de promenade aussi enchanteurs que le Brudoux et la Font d'Urle, tandis que les belvéders faciles du Roc de Touleau comme du Serre Montuez leur offrent des panoramas d'une immense étendue.

Cet admirable plateau de Lente terminerait à l'Ouest notre massif n'était une étroite piste aérienne, une langue de rochers d'une ténuité invraisemblable qui se rattache aux plateaux inférieurs de Léoncel et du Chaffal.

Le vallon de Bouvantes au Nord, celui d'Omblèze au Sud, viennent s'accoler par cette arête dont les chevriers pourraient seuls escalader les pentes et qui porte le nom sonore de Col de la Bataille (1318 m. d'altitude). Quelle est l'origine de cette dénomination ? les chroniques ne nous l'ont pas rapporté, mais la bataille, si bataille il y

Col de la Bataille.

eut, ne dut pas réunir un bien grand nombre de combattants, vu l'impossibilité de les développer sur cet isthme.

Ne pouvant traverser ce col à cause de ses accès impossibles un chemin s'est frayé sur son arête allant des flancs du Roc de Touleau aux Rochers d'Omblèze qui lui font face, et conduisant d'Ambel à Léoncel et à la Vacherie.

Le plateau de Léoncel est de position sinon de constitution analogue à celui de Lente.

Abbaye de Léoncel.

Il s'allonge du Sud au Nord entre le vallon de la Lionne de Bouvantes à l'Est et celui de la Lionne de Léoncel à l'Ouest ; très boisé, très forestier comme son voisin, entouré d'escarpements minuscules, il ne présenterait guère d'intérêt sans les souvenirs qui s'y rattachent.

Sur la terrasse occidentale par laquelle il se relie aux crêtes de

Vallon d'Omblèze.

Eglise d'Ombleze.

l'Epenet et au plateau
du Chaffal, dans une sorte de corridor incessamment battu par les
vents se dresse encore intacte l'antique église de Léoncel, vestige de
l'abbaye cistercienne de ce nom. C'est en 1137 que des religieux de
l'ordre de Citeaux, partis
de l'abbaye de Bonne-
vaux, vinrent essayer de
défricher ce repli ignoré
des montagnes; dès 1139,
leur communauté était
déjà assez prospère pour
être érigée en abbaye, et
leur église était consacrée
en 1166. Les biens de
l'abbaye qui s'était maintenue assez florissante
furent confisqués lors de
la Révolution. Ce qui
subsiste des bâtiments
de la communauté est
converti en maisons de

Gorges d'Ombleze.

paysans, en granges, en écuries, et l'église est devenue celle de la
petite commune qui s'est formée avec les maisons dispersées
d'alentour. Mal entretenue, menaçant ruine, l'église de Léoncel
frappe les regards du visiteur par l'élégante harmonie de ses lignes
et la justesse de ses proportions : c'est une relique encore bien
complète de cet art sobre et charmant de nos pères dont les vestiges
sont plus fréquents qu'on ne pense en notre cher pays. La sacristie
de l'église renferme une merveille ignorée, un Christ en bois sculpté,
d'auteur inconnu, et dont l'intensité d'expression dépasse tout ce
qu'on peut rêver. *Abbatia Fontis Leone, Abbatia Beatœ Mariœ
Fontis Liunciœ, Abbatia Liuncelli,* nous disent les vieux parche-
mins. Quelle antique légende, quelle tradition à pu donner ce nom
de fauve à la paisible rivière la Lionne qui prend sa source au voisi-
nage immédiat de l'abbaye? Le voile du passé nous le cache, mais
il en résulte au moins que l'orthographe Lyonne appliquée de nos
jours à cette dénomination peu banale est une orthographe erronée.

Du seuil de Léoncel descend au Nord le vallon de la Lionne qui
fait partie du Royannais, tandis que s'écoule au Sud un affluent
secondaire qui va se perdre dans la Gervane, au milieu des célèbres
Gorges d'Omblèze.

Le bassin de la Gervane est né au Col de la Bataille. Il s'est prononcé par un de ces immenses cirques d'effondrements communs à
notre massif, comme ceux de Choranche, d'Echevis, du Cholet que
nous avons déjà décrits, et dans lequel la commune d'Omblèze dis-
perse ses hameaux des Bertrands, des Boiches, des Granges, des Blaches, etc. Puis les parois du cirque, formées à l'Ouest par les monts
de Bouchère, prolongement du plateau de Léoncel, et à l'Est par ceux
des Taillières et d'Anse, contreforts du plateau de Lente, se rappro-
chent et se resserrent, et le torrent a du s'y creuser un défilé dont le
merveilleux aspect se prolonge pendant plus de trois kilomètres.

Nous avons dit que dans la constitution actuelle du Vercors, en
quelque sorte inachevée, on surprenait la nature en travail. Les
Gorges d'Omblèze en sont un témoin. Arrivant de son bassin d'ori-

Route de Lente par Combe-Laval.

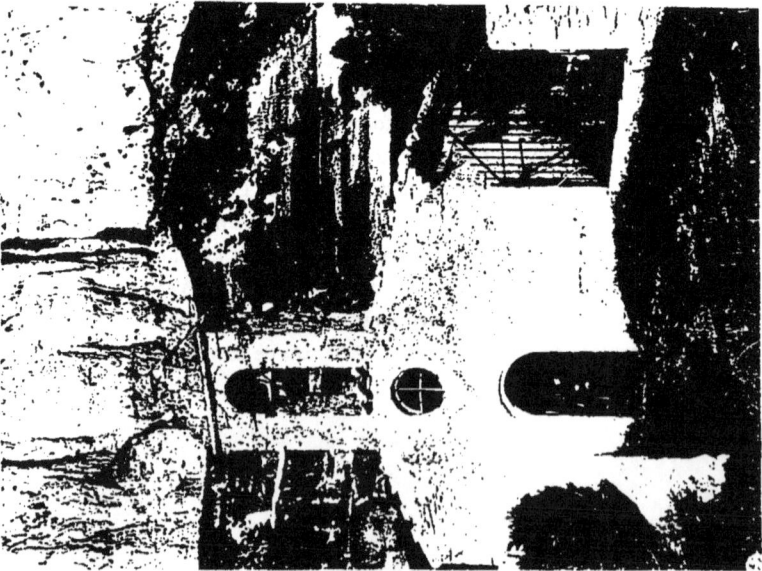

Vieille Église d'Ansage

Col des Limouches.

Sommet du Vélan.

gine moins affouillé sur un lit de roches urgoniennes de 200 mètres
environ plus élevé que son cours actuel, la Gervane l'a creusé d'un
profond sillon; dans ce cours du torrent se sont trouvés pris des
quartiers de roches que les eaux tumultueuses ont entraînés dans
des tourbillons successifs, et sous l'action de ce puissant burin, des
trous circulaires, des marmites, se sont perforés, qui ont amené
ensuite des écroulements des voûtes subsistantes. Ainsi s'est formé
ce long défilé, composé en réalité d'une suite de salles ovales aux
murailles surplombantes alternant avec des étranglements. Et dans
le lit qu'il s'est ainsi creusé, lit que lui dispute la route, l'incorrigible
torrent recommence ses exploits : un deuxième creusement se produit à nouveau, et les eaux coulent maintenant dans une seconde
gorge minuscule de deux à trois mètres de profondeur. Ici on est loin
des glaciers, on approche du Midi, la température est assez chaude, et
les vapeurs dégagées de la Gervane, concentrées par les parois du
défilé y entretiennent une humidité qui favorise le développement
d'une végétation luxuriante. De toutes parts les lierres, les vignes vier-
ges, les lianes s'accrochent aux murailles, les arbustes et les buissons
se multiplient sur les moindres anfractuosités, et l'aspect des Gorges
d'Omblèze, égayées par un chaud rayon de soleil, est vraiment enchanteur. Il ne leur manque pour être envahies par la foule que d'être
plus connues et moins éloignées des voies commodes de transport.

En attendant leur vulgarisation, un industriel de Romans,
doublé d'un lettré et d'un artiste, M. Charles Mossant, a acquis le
rocher d'Anse qui les domine à l'Est, et s'y est fait aménager une
retraite princière, avec routes, belvédères, allées sinueuses, magnifiques ombrages, etc. Il s'est seulement dispensé d'y faire construire
des murs de clôture, les escarpements naturels de 100 à 300 mètres
dont il est environné de tous côtés lui suffisent. Il a dû pour son
accès y faire pratiquer à coups de mines encorbellements et tunnels
comme à la route de Combe-Laval.

Sortie, en aval du Moulin de la Pipe, de la prison de ses Gorges,
la Gervane est encore à un niveau trop élevé, et pour rejoindre le
lit inférieur par lequel elle va se perdre dans le Drôme, elle se jette

tout entière du haut de
l'admirable Cascade de
la Druise par un saut
de plus de 80 mètres de
hauteur. Le pauvre vil-
lage d'Ansage conserve
encore sur une terrasse
au pied du rocher d'Anse
une vieille église désaf-
fectée, à l'allure pittoresque et naïve. C'est de là
que part le curieux sen-
tier qui permet de descendre dans les profondeurs
de la gorge, au pied du
Saut de la Druise.

Les plateaux du
Chaffal sont la suite et
l'épanouissement d'une
longue chaîne de colli-

Entrée de la
Grotte du Brudoux.

nes qui naissent près de St-Nazaire, atteignent un moment à Pierre-
Chauve l'altitude de 1310 mètres, puis après s'être laissé entamer par
les cols de Tourgnol (1200 m. env.) et des Limouches (980 m.), accès
de Romans par Barbières et de Chabeuil par Peyrus, viennent s'étaler
vers Beaufort et poussent leurs derniers renflements jusqu'à Crest.

Leur sommet le plus méridional est celui du Vélan (871 m.) qui
domine de ses roches à pic Plan-de-Baix et le Chateau de Montrond.
De ce belvéder signalé par une croix et un banc du Touring Club,
on jouit malgré son peu d'élévation d'un coup d'œil splendide sur la
vallée de la Drôme, les dentelures de Roche-Courbe et de la forêt de
Saou et les plaines de Valence.

Il fait à cette extrémité le digne pendant du Bec de l'Echaillon
au Nord, et c'est à ce redan, couronné par de vastes ruines gallo-
romaines auxquelles l'érudit M. Lacroix a consacré une curieuse
étude, que nous arrêterons les derniers contreforts de notre massif.

Grotte de
Goule Blanche.

X

Le régime des eaux dans le Vercors. —
Le Vercors souterrain. — Les Cuves, la
glacière de Corençon, les scialets, Goule-
Blanche, Bournillon, Dorbonouse et Her-
bouilly, la Font d'Urle et le Brudoux. —
La Bourne, la Vernaison, le Cholet et les
Lionne. — Leur utilisation.

Une règle généralement admise
en topographie, c'est que l'hydrogra-
phie et l'orographie sont solidaires : quand vous avez tracé le réseau
des cours d'eau d'une région, celui des lignes de faîte doit s'en-
suivre naturellement. Or il n'en est point ainsi dans notre massif
du Vercors, et le cadre hydrographique très indigent ne servirait
guère à tracer le réseau fort compliqué des crêtes. Nous en avons
déjà indiqué la raison : c'est qu'une
faible partie du cours des eaux est
apparent et connu, tandis que le
reste se distribue d'une façon
occulte, dans des veines sous-
jacentes. On peut dire que l'ensemble de la surface du Vercors
n'est qu'un vaste lapiaz, une
croute poreuse, dans laquelle les
reliefs apparents sont assez souvent en discordance avec les véri-
tables mouvements inférieurs dis-
tributifs des bassins d'écoulement.
Depuis que d'intrépides savants,
tels que M. E. A. Martel, le père
de la spéléologie, et ses adeptes,

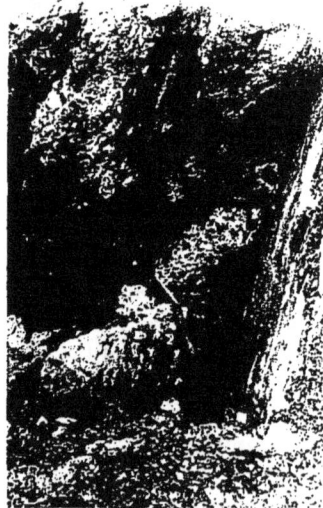

Glacière de Corençon

se sont aventurés dans les entrailles de la terre pour arracher aux
cavernes leur secret, on a vu de jour en jour par leurs découvertes se

confirmer les hautes déductions de la géologie, et aujourd'hui toutes ces anomalies sont raisonnées et expliquées : on pourrait avec certitude tracer la carte du véritable relief du Vercors, de celui qu'il devrait présenter à nos yeux si le puissant travail des eaux, si leur œuvre de déblaiement et de régularisation, était achevée.

Les preuves en sont nombreuses et flagrantes, et la première va se trouver dans la plus ancienne caverne signalée, la seule connue autrefois, la fameuse Grotte des Cuves. Elle a été il y a peu d'années complètement reconnue et explorée par un touriste grenoblois, M. Fonné, qui en a dressé le plan, et s'est convaincu que de nombreuses ramifications et fissures, impénétrables à l'homme, s'enfonçaient fort avant dans la montagne. D'autre part la grande cassure qui domine Sassenage, l'escarpement de Barepugnet, montre avec évidence la disposition des bancs de la roche qui place au bas d'un repli concave, ce qu'en géologie on appelle un synclinal, l'orifice des Cuves. Le torrent qui en sort en toutes saisons a un débit supérieur à celui du Furon, surtout aux basses eaux, et l'on comprend bien vite qu'il est l'émissaire général de tout le bassin, de toutes les eaux tombées sur les lapiaz des crêtes supérieures, tandis que le Furon ne peut recueillir que le ruissellement des eaux de surface retenues par les terres arables, par les couches imperméables du fond du bassin. Ici, superposés l'un à l'autre, le bassin apparent et le bassin réel, paraissent concordants.

Il en est autrement pour le bassin de la Bourne qui a une étendue souterraine bien plus développée que sa surface, ou qui tout au moins a des affluents mystérieux par lesquels elle draine des régions auxquelles ses affluents apparents sont étrangers.

Tout un plateau aux pentes indécises s'étend entre le vallon de Corençon à l'Est et la vallée du Vercors proprement dit à l'Ouest. Il est principalement occupé par les bois de Valchevrière, les terrasses de Bois-Barbu et surtout la magnifique forêt de la Loubière. De distance en distance, sous le revêtement des bois, s'ouvrent des gouffres de dimensions variées, béants, insondables : on les appelle

des scialets. A une demi-heure environ de Corençon l'un de ces
scialets, égueulé, a été depuis longtemps pénétré : on y trouvait de
la glace, formée par les eaux d'infiltration congelées par les courants
d'air, et pendant de longues années, la glacière de Corençon a été
l'objet d'une exploitation régulière fournissant pendant les chaleurs
de l'été de la glace aux cafés de Grenoble. Il y en a bien d'autres
dans la forêt de la Loubière, et notamment le grand scialet de
Malaterre. Les rochers de Bois-barbu et de Valchevrière en recèlent
bien d'autres aussi dont la liste complète demanderait une enquête
approfondie auprès des forestiers, bûcherons et braconniers.

Les beaux travaux de M. Martel et de l'un de ses plus fervents
adeptes, M. O. Décombaz, ont démontré que toute cette région forme
un bassin affluent direct de la Bourne. Les eaux qu'il draîne s'y dé-
versaient d'abord par la grotte de Goule-Blanche où elles ont affouillé
de magnifiques galeries explorées et décrites par M. Décombaz, puis
obéissant à la magistrale mais désolante loi de l'enfouissement des
eaux formulée par M. Martel, elles se sont ouvert un orifice inférieur,
et maintenant Goule-Blanche n'est plus que le déversoir du trop
plein des hautes eaux.

Les mêmes explorateurs ont poursuivi leurs recherches au
sujet de la grotte de Goule-Noire, sur la rive droite de la Bourne, et
ils sont arrivés à conclure que l'abondant ruisseau qui y revient au
jour est le produit de l'absorption des nombreux scialets de la partie
supérieure des vallons d'Autrans et de Méaudre, et qu'il dut en être
ainsi de la Grotte Favot, tout proche, mais plus élevée et sèche.

La vaste surface du plateau de Presles, où comme à Ambel et à
Urle commence un petit ruisseau bientôt absorbé, toute trouée de
scialets, scialet des Blaches, scialet des Fauries, scialet Idelon,
etc., etc., ressemble à une écumoire. Plusieurs grottes, maintenant
asséchées, comme la grotte aux Fées, leur ont jadis donné issue.
D'après un tableau dressé par M. O. Décombaz, l'écoulement se fait
aujourd'hui aux environs de Choranche par de nombreux orifices :
Grotte de la Bourlère, Trou de Cambuse, Grotte Chevaline, Balme

Etrange, Coufin, Gournier, Balme-Rousse, Ruisseau Jallifier, Grotte de Pré-Martin. Une mention spéciale doit être faite de la Grotte de Gournier qui recèle un lac splendide.

Sur la rive gauche de la Bourne, le système est tout au long le même, et l'on remarque plusieurs étages dans la marche de la pénétration des eaux : anciens orifices à une certaine hauteur, aujourd'hui desséchés, garnis de stalagmites et de stalactites, indices certains d'un passage d'eau de moins en moins actif, puis grottes inférieures, issues actuelles de l'absorption.

Sous les cimes qui dominent la route du Vercors, du Pont de Goule-Noire à la Martelière, on trouve à 2 ou 3oo mètres au-dessus du niveau de la Bourne les grottes asséchées de la Tende. Sous les escarpements de St-Julien, de la Grande Cournouze et de l'Allier, on peut visiter la Bournillonne, le Trou du Diable, la grotte de Saint-Julien, anciens émissaires taris, ce dernier fertile en belles concrétions calcaires et origine de la gigantesque stalagmite du porche de l'église de Saint-Julien. Puis au niveau actuel on trouve les sources d'Arbois et surtout la Grotte du Bournillon, d'où sort un véritable torrent. Celle-ci a été parcourue à plusieurs reprises par MM. Martel, O. Décombaz, Mellier, Perrenot, etc., et explorée sur un parcours de près de 15oo mètres. Les salles qui s'y succèdent, salle Rose, village nègre, galerie moyenne, etc., ont émerveillé leurs visiteurs.

Même à l'extrémité de l'Allier, vers le village de Meslier sur Chatelus, s'ouvre la Grotte de Pabro ou de Cournouze, sèche aujourd'hui, facilement accessible et fort curieuse, orifice évidemment de galeries dont toute la montagne est perforée et dont le scialet du Curé est une autre fenêtre.

Le régime est le même dans le bassin de la Vernaison.

Près du hameau de la Britière, entre le Rousset et St-Agnan, la source de la Luire est l'un des orifices d'une grotte qui vidange le plateau de la Forêt du Vercors. Nous avons parlé de l'abondante résurgence, dite source de l'Adoin, par où s'échappent les infiltrations des terrasses d'Arbounouse et d'Herbouilly. Dans le vallon

même d'Herbouilly s'ouvre une anfractuosité, dite la grotte d'Herbouilly ou des Cheminées, qui constitue un orifice d'absorption évident, car le fond en conserve de l'eau pendant presque toute l'année.
C'est dans le même ordre d'idées qu'il faut considérer les Précipices
du Trison tout voisins. Suivant le *pendage* des couches inférieures
ces eaux peuvent ressortir à l'Adoin ou même à l'une des résurgences
de la Bourne et probablement à Bournillon.

En aval des galeries des Goulets, un fort courant d'eau, connu
sous le nom de ruisseau des Grands Goulets, sort d'une fissure des
rochers de l'Allier. Et combien d'autres, les Déramats, le scialet
d'Elise, etc.

Mentionnons encore dans le haut vallon de Bouvantes la Grotte
des Sarrazins qui fait sortir un écoulement important des flancs de
la montagne de Malatrat, et, à St-Nazaire-en-Royans, la grotte du Tai
dont les galeries se prolongent et rayonnent sous la montagne fissu-
rée de Rochechinard, tandis qu'à l'autre extrémité du massif la
grotte d'Archiane rend les eaux absorbées par le Glandas.

La région où ces phénomènes, avec leurs conséquences, ont été
le mieux étudiés et décrits est celle du plateau de Lente. M. Martel
a fait à plusieurs reprises une exploration bien complète de la grotte
du Brudoux et de ses canalisations. Il a navigué en bateau Berthon
sur le Brudoux souterrain, et il a pu en dresser un plan détaillé :
c'est bien le résultat des infiltrations du plateau de la Font d'Urle.
Mais ce Brudoux, avons nous dit, après sa résurrection, après un
cours à ciel ouvert de quelques kilomètres, s'affaiblit à vue d'œil par
des saignées souterraines et finit par disparaître dans le Pré-Courrier
(prairie de Lente) au Pot de l'Etang. De nombreux entonnoirs ou
scialets s'ouvrant dans les abords de cette perte, notamment le
scialet Félix, M. Martel s'est efforcé par eux de pénétrer jusqu'aux
galeries inférieures : ses efforts n'ont pas été couronnés de succès,
mais il a pu constater là, au scialet Félix notamment, la déplorable
habitude des bergers qui précipitent dans ces trous, d'après eux
insondables, les corps des animaux victimes d'épidémie, et préparent

ainsi aux résurgences des eaux empoisonnées, véritable *bouillon de carcasses,* suivant l'expression vigoureuse du spéléologue. Il voulait pourtant rendre tangible la continuation du cours du Brudoux par le Cholet, et il le fit par la coloration des eaux. La fluorescéine immergée dans le Brudoux colora 22 heures après la magnifique cascade du Cholet, et il est donc désormais démontré jusqu'à l'évidence que le ruisselet de la Font d'Urle, un instant réapparu sous le nom de Brudoux est bien la véritable source du Cholet, merveilleuse constatation de cette singulière constitution du Vercors, fort analogue à celle de la partie calcaire des Causses du centre de la France.

On sait que la porosité de ces calcaires urgoniens, si compacts, si solides à la fracture, est due à des veinules légèrement magnésiennes que dissout l'eau de pluie chargée d'ozone ou acidifiée par les phénomènes électriques. Une fois ouverts, ces canaux s'élargissent rapidement, et les principaux d'entre eux en arrivent à former ces trous béants, ces scialets, que l'on rencontre dans les parties dénudées ou même légèrement boisées. Dans les parties où la terre végétale a recouvert la roche et permis le développement des prairies, ces scialets ouverts sont rares : nous en avons pourtant constaté à Ambel, où on les entoure de clôtures pour empêcher les animaux vivants de s'y précipiter, et où on jette les animaux morts. Mais généralement la terre forme un bouchon perméable, et le trou devenu inoffensif ne se manifeste que par un entonnoir: c'est ce qu'on appelle les pots, si fréquents dans les dénominations locales du Vercors. Le pot est d'ordinaire visible de loin, par une tache brune sur la prairie, car le ruissellement trop fréquent sur sa surface empêche la végétation herbacée de le couvrir de son manteau.

Ce régime de l'enfoncement des eaux et de leur circulation souterraine est nuisible à plusieurs points de vue. Il amène à la surface une sécheresse qui gêne fort la culture, comme à Vassieux ou à Presles, et pour le mode actuel d'utilisation de la Houille-Blanche, il rend les eaux trop bas pour que leur force de pesanteur puisse être facilement employée.

Quelques usines cependant ont commencé à s'y installer. La principale est celle du Bournillon qui distribue au loin l'énergie électrique, et dont les poteaux-supports de fils viennent en plusieurs points et notamment au milieu du Pont Picard déshonorer le paysage. A Tourtres une usine de dévidage de soie actionne ses métiers avec des eaux empruntées à l'Adoin, au moyen de canalisations et de transports mécaniques un peu primitifs.

Sur le Furon, nous devons signaler la remarquable usine des Gorges d'Engins, appartenant à la Société d'énergie électrique Grenoble-Voiron. Cette société, la première qui, dans notre région, ait osé faire un transport à très haute tension, alimente en force motrice et en lumière Voiron et sa banlieue, dessert une partie de Grenoble vers le Cours Berriat et la Porte de France, et depuis 1903 fournit à la Société Grenobloise des tramways électriques l'énergie nécessaire pour actionner ses voitures. C'est donc la Houille Blanche du Vercors qui fait maintenant si aisément circuler promeneurs et touristes dans Grenoble et ses alentours.

Une seconde usine aménagée un peu en dessous de Pont-Charvet, aux Côtes de Sassenage, envoie son courant aux exploitations de la Maison Carrière & Cie, et tout auprès des Cuves une installation en miniature, actionnée par une dérivation du Furon, éclaire non seulement Sassenage, mais Fontaine, Seyssinet et Seyssins.

Nul doute que l'ingéniosité des constructeurs n'arrive à combiner de nouvelles organisations appropriées au régime de notre massif et de nature à lui apporter industrie et richesse.

XI

Les produits du sol. — Aménagement forestier. — Viabilité. — Laiteries.
Stations d'élevage. — La race du Villard de Lans.

Peu favorisé pour la culture, le Vercors est essentiellement pas-
toral et forestier.

Soigneusement conservées par l'impossibilité où l'homme fut
jadis de les gaspiller, ses richesses en bois et en forêts sont considérables. Mais ce n'est point assez d'avoir sous la main un trésor, il
faut pouvoir en tirer parti, et le prix des ventes de bois varie souvent
du simple au triple suivant le plus ou moins de commodité de
l'exploitation. Aussi dans le Vercors plus qu'ailleurs, l'administration des forêts joint-elle à son habituel souci de conservation et
d'aménagement celui de la mise en valeur de ses triages ; aussi cha-
cun de ses gardes généraux ou inspecteurs se double-t-il d'un ingénieur ! Suivant la division politique en département de l'Isère et
département de la Drôme, le périmètre du Vercors se répartit entre
la conservation de Grenoble et celle de Valence.

Le territoire des Quatre-Montagnes, formant le cantonnement
du Villard de Lans, ressortit seul à la conservation de Grenoble.
Les plus récents efforts du chef de ce service ont été les belles routes
tracées à travers la forêt jusqu'alors difficilement accessible de la
Loubière et celles qui se prolongent au-dessus d'Autrans jusqu'au
plateau de Sornin.

Suivant la règle généralement adoptée en France, l'exploitation
se fait par la méthode du jardinage. On n'emploie guère la coupe
rase que comme l'un des engins, et le plus décisif, dans la lutte
savamment poursuivie pour le remplacement des arbres feuillus par
les sapins : quand les feuillus sont enlevés on replante des épicéas.

Quand au commencement du XIXme siècle on voulut imposer à
ces montagnes la salutaire tutelle de l'Administration, on se heurta
à une résistance passionnée de la part de la population, habituée à

couper sans contrôle et à trafiquer comme elle pouvait. La lutte fut longue et ardente et les cours d'assises de l'Isère et de la Drôme eurent plus d'une fois à venger le meurtre de pauvres gardes forestiers, obscures victimes du devoir. Tout cela s'est apaisé depuis longtemps et les postes de garde dans le Vercors sont maintenant aussi enviés et aussi tranquilles que ceux de n'importe quelle autre partie des Alpes. Toutefois ce n'est peut-être pas sans arrière-pensée que l'Administration étend sur les ours une protection bienveillante. Ceux-là sont des gardes qui ne coûtent rien, et la crainte de rencontrer dans les bois quelqu'un de ces calomniés solitaires a pu souvent retenir au gîte les délinquants.

Sur le reste du Vercors, dépendant de la conservation de Valence, les mêmes pratiques sont sagement adoptées. Nous avons vu les efforts incessants mis en œuvre pour arriver à un bon rendement des bois de la forêt de Lente. Sur le pourtour de Vassieux, sur le plateau de Léoncel, les routes forestières se multiplient aussi, amenant un sérieux relèvement dans les prix d'adjudication des coupes.

Une très savante étude sur la forêt de Lente, la principale de la région, a été faite par M. Etienne Mellier dans son ouvrage sur le Vercors. Cette forêt couvre une superficie de 3300 hectares dont 3000 sont en exploitation. « Composés presque en totalité de hêtres ($^2/_3$) « et de sapins ($^1/_3$) les bois de Lente sont aménagés pour ces deux « essences à la révolution de 160 ans, c'est-à-dire de l'âge où leurs « sujets ne prospèrent plus, et passé lequel ils ne peuvent que « dépérir. » L'aménagement actuel y donne cinq mille mètres cubes de bois à exploiter par an et grâce au réseau d'environ 100 kilomètres de routes du plateau ils se vendent toujours assez bien.

Les principales de ces routes sont les suivantes : 1° Route de la maison forestière à la Chapelle, aboutissant au chemin vicinal dit de la Chapelle à Bouvantes : 6 kilomètres ; — 2° Route de la maison forestière à St-Jean, dite de Combe-Laval, 14 kilomètres avec une pente moyenne de 6 %; — 3° Route de la maison forestière au col de Vassieux-Jossaulx, 15 kilomètres ; — 4° Route de la maison forestière à la Chapelle par le Maupas, aboutissant aux Ronins à un chemin vicinal, 11 kilomètres.

Dans la forêt domaniale du Vercors, les principales routes sont :

1° Route de la Coche, allant de la route du Rousset aux maisons forestières de la Coche et de Pré-Grandu, 7 kilomètres avec une pente moyenne de 7 %; — 2° Route des Rangs, des Pourrets et des Bachassons, allant de la route de St-Agnan à la Baraque des Bachassons, 12 kilomètres atteignant une pente de 9 %; — 3° Route de Brutinel et de Béguerre, allant de la maison de Pré-Grandu à celle de Béguerre, 3 kilomètres ; — 4° Route des Rangs de Charles, au travers de la montagne des Rangs, 3 kilomètres ; — 5° Route de Pré-Rateau, prolongeant la seconde jusqu'à Pré-Rateau, 3 kilomètres 500.

Les agents des Forêts n'ont pas été les seuls à contribuer à l'excellente viabilité actuelle des montagnes du Vercors.

En dehors des deux routes principales, de Die au Pont-en-Royans par le Col du Rousset et les Grands Goulets, et de Saint-Agnan au Villard de Lans par St-Julien, trois chemins vicinaux ont été ouverts : 1° Chemin de la Chapelle à Die par Vassieux et le Col de St-Alexis, tracé de 1870 à 1875, 18 kilom. jusqu'auprès du tunnel du Rousset où il rejoint la grande route ; — 2° Chemin des Ronins, ouvert en 1872, long de 5 kilomètres 200, allant du hameau des Drevets sur la grande route au village des Ronins et prolongeant la route forestière n° 4 ; — 3° Chemin de la Chapelle à Bouvante, fait en 1898, sur une longueur de 4 kilomètres 250, s'embranchant sur le précédent à la Cîme du Mas et rejoignant la route forestière n° 1.

Pour faciliter non plus l'exploitation, mais la surveillance, l'Administration des forêts a fait aussi tracer un grand nombre de sentiers et de pistes, repérés par des écritaux, et ce sont évidemment de nouvelles facilités données aux touristes pour la visite de ces régions si pittoresques.

L'exploitation pastorale se divise en deux branches : la location des paturages supérieurs aux pâtres de Provence, et l'élevage des bestiaux.

Le premier mode est heureusement peu étendu. On cantonne les moutons transhumants sur les prairies rocailleuses qui ne suffiraient point à la nourriture des bêtes à cornes et pourraient leur être dangereuses par leur déclivité. Mais il vaudrait mieux n'en rien faire, car cette exploitation est toujours destructrice, le sabot et la dent du mouton faisant périr le gazon. Les flancs du Roc de Touleau, les hautes prairies d'Urle, le Glandas sont les principaux points ainsi voués à la dévastation.

La grande industrie pastorale en Vercors est l'élevage des bestiaux, avec ses branches annexes le commerce du lait, du beurre et des fromages. Ici, sauf de rares exceptions, on n'emploie pas comme dans les grandes Alpes le système de l'Alpage proprement dit, c'est-à-dire de l'exode estival dans des pâturages supérieurs, où la population, désertant ses villages d'hiver, va habiter les chalets.

Nous avons vu que les reliefs du Vercors sont généralement peu élevés : c'est la plupart du temps dans les dépendances de son habitation ordinaire que l'habitant de nos montagnes se livre à l'élevage et aux industries annexes. Même aux domaines de Lente, d'Ambel, d'Herbouilly ou de Feyssoles, on habite toute l'année, et les bêtes à cornes dont les étables sont bien et commodément installées, n'ont pas à supporter les fatigues et les aléas des déplacements.

L'altitude moyenne de la plupart de ces vallées ne permet pas de s'y livrer à une agriculture intensive : toute l'attention des montagnards s'est donc portée sur leurs animaux et ils sont arrivés par des soins appropriés et par la sélection intelligemment pratiquée à en faire une race remarquable au point de vue de la viande et de la production laitière.

Dès 1832 les pouvoirs publics coopéraient par des concours, des subventions et des primes à cette judicieuse recherche. Au mois de février 1875, M. César Bévière créait dans les Quatre-Montagnes la station d'élevage du Villard-de-Lans, et cette institution sagement conduite a amené patiemment et régulièrement un progrès marqué tant au point de vue de la valeur des animaux que de leur nombre.

Chaque année, un concours est ouvert entre les éleveurs pour la race spéciale du Villard-de-Lans, tantôt à Grenoble, tantôt dans l'une des communes intéressées. Des primes importantes, des prix flatteurs sont distribués, et l'encouragement ainsi donné à cette intéressante production augmente l'aisance et enraie la dépopulation de nos montagnes. La race du Villard-de-Lans est généralement de robe uniforme, couleur froment clair, la tête y est petite, le tronc très développé, et les dernières statistiques accusaient un ensemble de plus de 7000 têtes de bétail dans les cinq communes. Le reste du Vercors se met à l'unisson et tient à honneur comme à profit de s'assimiler l'expérience de ses voisins.

Naguère le lait était utilisé individuellement, et comme les exploitations éloignées ne pouvaient facilement vendre leur lait et leur beurre, elles fabriquaient ces fromages de Sassenage que certains gourmets tenaient en si haute estime. Depuis quelques années des fruitières s'étaient installées dans chaque vallée, on y centralisait le lait, et le beurre fabriqué sur une grande échelle y était devenu l'objet d'un commerce régulier. Mais depuis que la consommation directe du lait a pris des proportions considérables, les éleveurs préfèrent encore vendre leur produit sans transformations. Des services de transports se sont organisés qui dans un rayon considérable autour de Grenoble, jusqu'au Villard-de-Lans et à Autrans, dans des rayons proportionnels autour des bourgs du Royannais, de Die, de Valence, font voyager les pots de lait. De ci de là sur le bord des routes, à l'amorce des chemins qui conduisent aux fermes, vous voyez les récipients couchés dans l'herbe livrés un peu à la foi publique. Le voiturier qui passe à heure fixe, les ramasse pleins, les livre aux dépôts de la ville et revenant avec d'autres pots vides, les dépose à leur tour au lieu convenu où les fermiers les reprennent. Et c'est ainsi un perpétuel va-et-vient de ce lait pur et crémeux de la montagne qui vient apporter la vie et la santé aux estomacs fatigués des villes ! Les fruitières se sont ainsi retirées dans les vallons trop éloignés pour ce genre d'industrie, et elles florissent particulièrement

dans le Vercors proprement dit. Quant aux vrais fromages de Sassenage, ils sont devenus presque introuvables.

En de rares communes, où le sol est ingrat, comme à Rencurel
et à Prelles, on élève des troupeaux de chèvres et l'utilisation de leur
lait est faite par la fabrication des fromages blancs dits tomes de
Saint-Marcellin, du nom de leur principal marché.

Le massif du Vercors ne renferme pas de gisements métallifères
exploités. En quelques points du territoire des communes de Lans
et d'Autrans on a découvert des poches d'argile réfractaire, et de
longues voitures chargées de la substance ocreuse viennent la déverser dans des entrepôts à Sassenage. Sauf dans cette dernière localité
où la maison Carrière possède une usine à chaux importante, on
n'exploite la pierre que pour les usages immédiats.

L'heureux Vercors n'a pas de manufactures et l'on peut espérer
qu'il sera longtemps encore indemne des plaies et des vices de la
société moderne.

Christ de Léoncel.

Table des Matières

---·≻⊱≺·---

Illustration et Impression

DE LA

SOCIÉTÉ ANONYME DES ARTS GRAPHIQUES

Sécheron-Genève.